初中生心理健康教育

彭跃红　贺小卫　主编

清华大学出版社

北　京

内 容 简 介

本书根据教育部颁发的《中小学心理健康教育指导纲要(2012 年修订)》的文件精神，针对初中生的实际情况编写而成，共十七课，同时提供十个心理拓展活动供课堂教学使用。内容主要包括环境适应、自我认识、学习、人格、应对考试、人际交往、情绪管理、自信心培养等专题，每个专题由导语、心灵私语、心语广角、心灵健美操、心灵加油站、心海导航、心动地带七部分组成。

本书旨在帮助初中生加强自我意识，客观地评价自己，认识青春期的生理特征和心理特征；更好地适应中学阶段的学习环境和学习要求，培养正确的学习观念，发展学习能力，改善学习方法，提高学习效率；积极与老师及父母进行沟通，把握与异性交往的尺度，建立良好的人际关系；鼓励学生进行积极的情绪体验与表达，并对自己的情绪进行有效管理，正确处理厌学心理，抑制冲动行为；着重培养应对失败和挫折的能力，充分发挥学生的潜能。

本书融科学性、可读性和可操作性于一体，既可作为初中生心理健康教育教材，还可作为初中教师心理健康辅导的参考书，也可作为班主任老师和学生的自学教材。

本书课件可通过网站 http://www.tupwk.com.cn/downpage 免费下载。

图书在版编目(CIP)数据

初中生心理健康教育 / 彭跃红，贺小卫　主编. —北京：清华大学出版社，2018 (2024.1 重印)
ISBN 978-7-302-49498-0

Ⅰ. ①初…　Ⅱ. ①彭…　②贺…　Ⅲ. ①心理健康－健康教育－初中－教学参考资料　Ⅳ. ①G444

中国版本图书馆 CIP 数据核字(2018)第 020804 号

责任编辑： 王　定
封面设计： 周晓亮
版式设计： 思创景点
责任校对： 孔祥峰
责任印制： 沈　露

出版发行： 清华大学出版社
网　　址： https://www.tup.com.cn, https://www.wqxuetang.com
地　　址： 北京清华大学学研大厦 A 座　　**邮　　编：** 100084
社 总 机： 010-83470000　　**邮　　购：** 010-62786544
投稿与读者服务： 010-62776969，c-service@tup.tsinghua.edu.cn
质 量 反 馈： 010-62772015，zhiliang@tup.tsinghua.edu.cn
印 装 者： 三河市龙大印装有限公司
经　　销： 全国新华书店
开　　本： 185mm×260mm　　**印　　张：** 10　　**字　　数：** 164 千字
版　　次： 2018 年 2 月第 1 版　　**印　　次：** 2024 年 1 月第 8 次印刷
定　　价： 39.80 元

产品编号：075387-02

本书编委会

主　编： 彭跃红　贺小卫

副主编： 陶晓静　曾反娇

编　委：（排名不分先后）

程　琼　丁　湘　邱亚琼　周华红

胡春凤　曹颖琪　陈美云　刘靖文

郑卫璇　肖文珍　王　丹　钱淑君

彭巾英　聂田静　周辉燕　蒙菊桃

蔡　蓉　吴海英　周冰清　杨怡馨

序　　言

人生各种奋斗目标归结起来就是两个字：幸福。通往幸福之路，健康的心态是基石。生活常态包含了顺利与挫折、付出与获得、自由与自律。一个人洋溢着积极精神，充满了乐观心态，更善于经营生活、得体交际，才能放大格局、走向成功。

学生时代，塑造品格，影响一生。如果一个人真的能够从自己或顺利、或曲折、或成功、或失败的经历中去体验、去品味、去探索、去总结，而且总是怀抱一颗不灭的信念火种，不是去武断地否定新的事物，而是去不断地否定旧的自我，那么随着生命历程的推进，我们的经验就会日趋丰富，我们的心灵就会得以升华，我们对客观事物的认识就会越来越接近于真实。我想，对心理健康教育的探究也是如此。

真正的教育应从“心”抓起，从学生心理成长的规律抓起，从“预防”和“发展”抓起。我们全面启动“心理健康教育五年行动计划”，就是要由关注和解决学生的心理问题转向关心和培养学生积极的心理品质，倡导和推行积极的心理引导、干预，开发学生的心理潜能，做好心理预防工作，使师生和家长具备心理健康的常识以及知晓寻求帮助的途径，让学生学会自尊自强、理性平和、积极向上，让他们的心灵深处都充满阳光和自信。

每一位孩子都是一朵花，只是花期各不相同，而教育的使命就是精心呵护，静待花开。期盼我们的教师能够以心理健康教育为契机，积极打开每一位孩子的心扉，走进孩子们的内心世界，陪伴他们健康成长，赢得他们内心的认可，让校园时光成为他们成长路上最难忘的记忆。

2017 年 5 月写于新干

前　言

国家倡导："每个人都要成为自己心理健康的第一责任人。"心理健康教育已经受到国家、地方政府以及各类学校前所未有的重视。很多学校在心理健康教育方面投入了大量的人力、物力和财力，建立了心理咨询室，加强了心理健康教育师资队伍建设，也开设了心理健康教育课程，但效果仍不尽如人意。从教育实践角度看，怎样科学有效地开展学生心理健康教育工作，仍然是急需解决的课题。

一直以来，我国中西部地区(尤其是农村地区)的中小学心理健康教育资源匮乏，基础薄弱，"缺医少药"的现象普遍存在。但近几年心理健康教育发展迅猛，热情高涨，无论是家长还是学校，都逐渐意识到培育一个人格健全的孩子远比知识的掌握更重要。因此，各类学校也把心理健康教育课程纳入了教学计划，但心理健康教育课究竟该"教什么""怎么教"，仍然是困扰大家的一大难题。针对这种情况，编写一套符合学生实际、有助于学生成长的本土化心理健康教育教材就显得尤为重要。本套教材组织了一个强大的编写团队，聘请了大学资深心理学教授以及中小学一线心理老师，在反复调研、交流的基础上编写而成，期望能在一定程度上解决"教什么""怎么教"的问题。

本套教材分为小学、初中和高中三个阶段，每个阶段都有不同的内容和编写体系。本书是初中阶段教材，内容主要包括环境适应、自我认识、学习、人格、应对考试、人际交往、情绪管理、自信心培养、生涯规划等专题，每个专题由导语、心灵私语、心语广角、心灵健美操、心灵加油站、心海导航、心动地带七部分组成，另外安排了十个拓展活动供课堂教学使用。

(1) 导语：选择贴近主题的一段精彩话语，引出主题。

(2) 心灵私语：案例贴近中学生的实际生活，选取他们关心的具有现实意义的生活事件或心理行为问题，引起学生心灵上的共鸣，导入主题。

(3) 心语广角：运用心理学知识和方法对典型案例进行分析和指导，说理通俗易懂、深入浅出。

(4) 心灵健美操：通过开展两三个小活动，让学生在互动、体验中，解决常见问题。

(5) 心灵加油站：通过一些名人故事来加深理解，帮学生树立榜样。

(6) 心海导航：用通俗的话语，提供一些方法指导，帮助同学更好地解决问题。

(7) 心动地带：引导学生行动的方向。

此外，根据主题设置的十个拓展活动，可以让学生在游戏活动中体验、分享、成长，真正做到在活动中、体验中成长。

这样安排课程拓宽了教师教学的空间，教师可以根据学生、学校环境等实际情况，灵活选择教学内容和教学形式。

总之，本书融科学性、可读性和可操作性于一体，既可作为初中生心理健康教育教材，还可作为初中教师心理健康辅导的参考书。

在本套教材的编写过程中，新干县教育局钟海林局长做了大量的组织协调工作，并结合他几十年的教育实践经验提出了很多具体指导意见并为此书作序，主编及参编人员通力合作，在此谨向所有参与支持该项工作的各位人士表示衷心的感谢！也诚恳欢迎同行、一线教师及广大读者提出宝贵意见。

编　者

2017 年 12 月

目　录

第一课　初中，我来了……1
第二课　做一个有梦想的人……8
第三课　好习惯成就未来……15
第四课　小宿舍，大文章……22
第五课　学会正确归因……30
第六课　快乐生活每一天……38
第七课　在竞争中获胜……47
第八课　做时间的主人……54
第九课　自我同一性发展……63
第十课　我爱爸爸妈妈……70
第十一课　团结合作真伟大……77
第十二课　走过花季……84
第十三课　扬起自信的风帆……91
第十四课　潇洒考一回……98
第十五课　坚持就是胜利……105
第十六课　培养幽默感……112
第十七课　神奇的积极自我暗示……121
附录　活动拓展集锦……128
参考文献……149

第一课　初中，我来了

导语

美丽的生命在于不断地发展和蜕变，毛毛虫变蝴蝶，蝌蚪变青蛙，才使得生命焕然一新。人的生命也要在不断蜕变中成长、完善。从妈妈温暖的怀抱走向幼儿园是人生的第一次蜕变。现在，从小学步入初中，又要经历人生的一次蜕变。亲爱的同学们，你们准备好了吗?

心灵私语

告别了昔日的同学，在这个金色的九月，小月踏入了初中的大门，她希望这三年的初中生活能够暖意融融。小月渴望在初中能觅得更多的知己，身边总有笑声，一抬头就能看见朋友对她微笑，和朋友一起在校园的跑道自由地奔跑，一起欢呼，一起享受阳光。带着对新学校的好奇、对新开始的向往、对新学期的憧憬，小月想更快地适应这个新环境，更好地融入这个新集体，更自信地开始自己新的学习之旅。

心语广角

与小学生活相比，初中生活发生了很大的变化，主要表现在学习方面课程增多以及难度加大，生活方面需要更强的自立能力，交往方面需要建立新的人际关系，生理方面、心理方面需要适应青春期的成长。因此，我们需要尽快适应新角色，融入新生活，学习方面要做好思想准备，生活方面要增强自立能力，人际关系方面要主动建立新友谊并适应青春期的到来。那么，我们究竟该如何缩短适应期呢?

1. 主动与同学交往，积极参加班级的集体活动

良好的人际关系对于我们适应环境来说是非常重要的。人往往都有一定的“恋旧”心理，但是进入一个新的班级里，积极主动地结交新的中学朋友，对于尽快适应中学环境来说是非常重要的。想要结交新的朋友，可以多多参加班级组织的各项集体活动，因为参加班级活动不仅可以增进同学之间的彼此交流和了解，还可以锻炼自己处事应变的能力，以尽快适应中学生活和学习环境。

2. 调整好自己的心态

与小学相比，进入中学后的课程门类增多了，内容难度也增加了。在中学阶段的学习逐渐提高了对自主学习的要求。同时需要强调的是，每个人在

生活中都不可能是常胜将军，都避免不了失败，失败并不可怕，可怕的是我们从此自暴自弃。所以当我们面对新环境不适应时，只有努力奋起才能达到“柳暗花明又一村”的境地；我们要学会以积极的心态应对新环境，变压力为动力，才能迎接新的挑战。

3. 努力增强自己的韧性

大家都知道一根筷子容易断，然而一根藤条却不容易断，因为藤条比筷子更有韧性。因此，遇到困难，我们要努力增强自己的韧性。

心灵健美场

活动一　比一比

1. 请同学们比一比，中学和小学主要存在哪些不同呢(填写表 1-1)?

表 1-1　比较中学和小学的不同

比较的内容	小学	中学
校园环境		
学习内容		
学习方式		
老师讲课风格		
同学、室友		
其他		

2. 请同学们进行小组讨论，并向大家分享自己的想法和感受。

3. 请以小记者的身份采访一下周围的同学，听听他们是准备如何适应中学生活的，并将他们的看法分享给大家。

小记者：你好，我是小记者，请问你准备如何适应中学生活呢？

同学：____。

活动二 学习早准备

1. 学习早准备：请以表格的形式写写自己是如何进行学习的(填写表 1-2)。把没有列出的科目补充完整。小组讨论，分享自己的做法和感受。

表 1-2 填写自己是如何进行学习的

科目	课前预习	上课	课后练习	复习
语文	新课程会讲什么？与之相关的还有哪些？课文我都懂了吗？不懂的地方做上记号。	学到了什么？哪些是重点？我不懂的地方，懂了吗？学到了哪些新知识？	课后练习都做了吗？是否起到强化的作用？不会的练习一定要弄懂。	这节课都学到了什么？重点都应掌握什么？还有哪些没有弄懂的地方？对这节课的整体把握怎么样？
数学				
英语				
…				

2. 适应老师的风格：不同的老师有自己独特的讲课风格，你已经适应老师的讲课风格了吗？如果不适应这个老师的讲课风格，你该怎么办？填写表 1-3。

表 1-3 适应老师的讲课风格

科目	讲课风格	适应得怎样	哪些地方还需要改进	其他
语文				
数学				
英语				
…				

活动三　认识新同学

你知道吗？如果能很快记住新同学的名字，这往往是美好友谊的开端。如果一见面就能叫出同学的名字，同学一定会很兴奋，也会积极关注你、接纳你。

1. 谈谈来到新学校之后你都交了哪些新朋友，请把他们的名字写下来，并将其基本情况介绍给大家。

2. 主动去认识新朋友，并把与朋友交流的感受和体会写下来。

3. 回顾一下，今天记住了几个新同学的名字，并把他们的名字一一写下来。

心灵加油站

1. 大声朗读以下句子。

你改变不了事实，但你可以改变态度。你改变不了环境，但你可以改变自己。

你不能左右天气，但你可以改变心情。你对生活微笑，那么生活也对你微笑。让我们的心不再压抑，让它解脱吧。让自由的心灵飞翔，去迎接那绚丽的阳光吧！你不能选择容貌，但你可以展现笑容。

人生如此短暂，有什么理由不去好好生活呢？有太多的事情要你去做，有很重要的人等着你去珍惜。不要回头看，前面的世界才更精彩。

2. 阅读故事。

改变世界还是适应环境

很久很久以前，人类都还赤着双脚走路。有一位皇帝到某个偏远的乡间旅行，因为路面崎岖不平，有很多碎石头，刺得他的脚又痛又麻。回到皇宫后，他下了一道命令，要将国内所有的道路都铺上一层牛皮。他认为这样做，不只是为自己，还可造福他的子民，让大家走路时不再受刺痛之苦。但即使杀尽国内所有的牛，也筹措不到足够的皮革，而所花费的金钱、动用的人力，更不知凡几。虽然根本做不到，甚至还相当愚蠢，但因为是皇帝的命令，大家也只能摇头叹息。一位聪明的大臣大胆向皇帝提出建言：“皇上啊！为什么您要劳师动众，牺牲那么多头牛，花费那么多金钱呢？您何不只用两小片牛皮包住您的脚呢？”皇帝听了很惊讶，但也当下领悟，于是立刻收回成命，采用这个建议。据说，这就是皮鞋的由来。

想改变世界，很难；要改变自己，则较为容易。与其改变全世界，不如先改变自己——“将自己的双脚包起来”。改变自己的某些观念和做法，以抵御外来的变化。当自己改变后，眼中的世界自然也就跟着改变了。如果你希望看到世界改变，那么第一个必须改变的就是自己。

当你在新的环境中遇到生活或学习的烦恼时，你想怎样改变自己呢？

提高适应环境的方法：

1. 积极参加班级集体活动，提高自己的处事能力，融入班集体中。

2. 多和同学交朋友，有意识地扩大自己的交友范围，接触不同类型、不同兴趣和爱好的同学，扩大视野，提高人际交往能力。朋友多了，不适应感会逐渐消失。

3. 学习他人的好方法、好经验。

心动地带

1. 进入新的学习环境，我们多多少少都会感到这样或那样的不适应。下列做法中有利于提高适应能力的是(　　)。

A. 主动与老师沟通，寻求老师的指导和帮助

B. 积极参加各项集体活动，以开放的心态与同学交流

C. 通过上网来转移注意力

D. 通过写日记、读名人故事等方法来调节情绪

2. 学完本课，有什么感受和收获，请记录下来。

____

____

____

第二课 做一个有梦想的人

导语

有梦的人生最精彩。

亲爱的同学，三年的初中生活已经开始啦！面对新起点，你的内心一定有很多美好的憧憬吧？打算今后三年如何度过？未来要成为一个什么样的人呢？这一切是否让我们心潮澎湃呢？现在就让我们一起来筑梦人生吧！

心灵私语

伟大的周恩来总理小时候就志向高远。有一天，校长来给学生上修身课，题目是“立命”，校长在台上激情地演讲起来，讲到精彩处突然停顿下来，向学生提出一个问题："请问你为什么而读书？"

教室里一下子安静下来，学生们都在思考着这个问题。校长走下讲台，指着前排一同学说："你为什么而读书？"这个学生站起来挺着胸脯说："为光耀门楣而读书！"校长又问第二个学生，他的回答是："为了明礼而读书。"第三个被问的学生是一个靴铺掌柜的儿子，他很认真地回答说："我是为我爸而读书的。"同学们听后哄堂大笑，校长长叹了一口气，摇了摇头。

不一会儿，校长走到周恩来面前，问道："你是为什么而读书？"周恩来站起身来，非常郑重地回答道："为中华之崛起而读书！"校长眼前一亮，欣慰地点了点头。他示意让周恩来坐下，然后对大家说："有志者，当效周生啊！"

心语广角

梦想是指和一个人的愿望相联系并指向未来的想象。梦想很美，藏于每个人的内心天地里，可以推动我们为之努力奋斗。例如，没有像鸟一样飞向天空的梦想，人们不会发明飞机。对于一个人来说，他对未来的憧憬反映了他想成为一个什么样的人，这就是他的梦想。为实现梦想而奋斗，对于一个人来说是一种动力，更是一种追求。如果太阳是我的目标，那么我会踮起脚尖，因为只有这样，才能更靠近阳光，才能向着目标一步一步地进发！

心灵健美场

活动一 心理沙龙

畅谈梦想

一边播放歌曲《梦想之城》，一边静静地和心中那些美好的梦想对话，把它们邀请来，郑重地写下来(可以写3～5个梦想):

我的梦想是____。

我的梦想是____。

我的梦想是____。

我的梦想是____。

最后在本次沙龙现场说说自己的筑梦行动(能够说出行动时的细节就更好啦！)和圆梦之乐(能够说出圆梦时的情境就更好啦！)。

哦，对了，我们的沙龙，应当是一场“因为彼此尊重而安全，因为敞开心扉而自由”的沙龙，预祝同学们本次心理沙龙活动收获多多！

活动二 纸笔操练

青春的目标走来了

青春不能没有梦想，不能没有目标。目标就像人生的导航灯，指引我们不断前行。“不积跬步，无以至千里。”在每一个目标达成之前，都会有一个个已经达成的目标做铺垫。现在就让未来30岁的自己不断地走向现在的自己，每走一步，就是两年，每走一步，他/她都会让你更清楚下一步的自己是怎样的。

30 岁时，我要＿＿＿＿＿＿＿＿＿＿＿＿＿＿＿＿＿＿＿＿＿＿＿＿。

28 岁时，我要＿＿＿＿＿＿＿＿＿＿＿＿＿＿＿＿＿＿＿＿＿＿＿＿。

26 岁时，我要＿＿＿＿＿＿＿＿＿＿＿＿＿＿＿＿＿＿＿＿＿＿＿＿。

24 岁时，我要＿＿＿＿＿＿＿＿＿＿＿＿＿＿＿＿＿＿＿＿＿＿＿＿。

22 岁时，我要＿＿＿＿＿＿＿＿＿＿＿＿＿＿＿＿＿＿＿＿＿＿＿＿。

20 岁时，我要＿＿＿＿＿＿＿＿＿＿＿＿＿＿＿＿＿＿＿＿＿＿＿＿。

高中毕业时，我要＿＿＿＿＿＿＿＿＿＿＿＿＿＿＿＿＿＿＿＿＿＿。

初中毕业时，我要＿＿＿＿＿＿＿＿＿＿＿＿＿＿＿＿＿＿＿＿＿＿。

现在，我要＿＿＿＿＿＿＿＿＿＿＿＿＿＿＿＿＿＿＿＿＿＿＿＿＿。

请和同学们一起分享你的收获和感受：

＿＿＿＿＿＿＿＿＿＿＿＿＿＿＿＿＿＿＿＿＿＿＿＿＿＿＿＿＿＿。

活动三 积极诵读

关于梦想

鱼儿如果离开水会怎么样？死亡。花草如果没有阳光会怎么样？枯萎。

一个人如果没有梦想会怎么样？过一种单调、平庸的生活，成为平庸之辈。

梦想之于人生，犹如阳光之于花草、水之于鱼。无梦的人生注定是空虚的人生、苍白的人生。一个人绝不能没有梦想，绝不能把梦想丢弃，因为梦想就是生命。敢于拥有梦想本身就是一种开拓和创意，不论做什么事情，只要心存梦想，相信自己，就有获得成功的希望。

人类社会的每一项新发明、新创造，人类社会的每一页新的历史、新的社会进步、新的社会关系的变革，无不是人类本身的一种梦想的实现。

正因为人类想要像鸟儿一样在天上飞，才会有飞机的制造；正因为人类想要像鱼儿一样在海里遨游，才会有潜水艇的发明；正因为人类想要登上月球，才会有火箭卫星的升天；正因为人类想要更快捷、更方便地交流信息，才会有手机、电脑、互联网、人工智能的出现。

想要激发自身的潜能，获得成功，也是需要有梦想的。有了梦想再加上努力，就一定能够梦想成真。从今天起，要勇敢地放飞自己的梦想，积极乐观地生活和学习。

心灵加油站

有科学家曾做过一个实验。这位科学家找到一批志愿者，并将他们分为三组，让他们在三种不同的情况下沿着公路向前行走。

对第一组人，科学家没有告诉他们去哪儿，也没有告诉他们有多远，只叫他们跟着向导走。

对第二组人，科学家告诉他们去哪儿，要走多远。

对第三组人，科学家既告诉他们去哪儿和走多远，又在沿路每隔一千米的地方设置一块路碑，向他们指示距离。

结果是：第一组的人刚走了两三千米就有人叫苦了，走到一半时，有些人几乎愤怒了，他们抱怨为什么要大家走这么远，不知何时才能走到，有的人甚至坐在路边，不愿再走了，越往后大家的情绪越低，七零八落，溃不成军。第二组的人走到一半时才有人叫苦，大多数人想知道自己走了多远了，比较有经验的人说："大概刚刚走了一半。"于是大家又往前走，当走到四分之三时，大家情绪低落，觉得疲乏不堪，而当有人说快到了时，大家又振作起来，加快了步伐，不久就到达了目的地。第三组的人一边走一边看路碑，每看到一个路碑，便产生一些喜悦。当他们走了 5 千米以后，每看到一个路碑，便都会发出一阵欢呼声。走到离目的地只差两三千米的时候，大家开始大声唱歌、说笑，以消除疲劳，结果速度越来越快。当然第三组花的时间最短，途中也最快乐。

知道自己的未来目标很重要。未来我想从事什么样的职业？类似这样的问题或许对我们来说很遥远。那么，未来我想成为什么样的自己，这样的问题或许值得我们现在考虑。

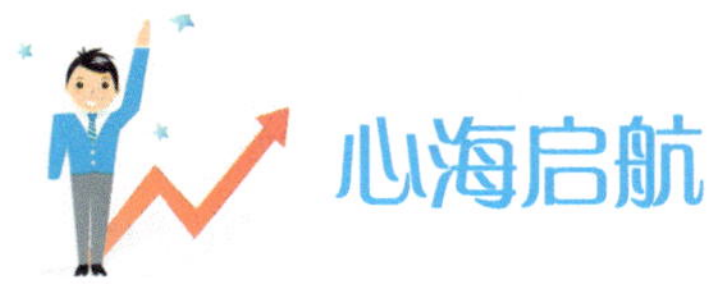

心海启航

1. 常常追问自己，长大后，要做一个什么样的人。我们可以运用“目标倒推法”，具体步骤如下：

(1) 为自己制定一个非实现不可的目标。

(2) 分析哪些条件不足，会阻碍目标的实现。

(3) 着手解决这些不足的地方，为实现目标扫除障碍。

(4) 千万不要遇到困难就随意更改目标，而是要为了目标迎难而上，直到目标实现。

“目标倒推法”会激发自己将无穷的智慧发挥出来，并很好地完成学习任务，甚至还可以完成那些你认为“不可能完成”的事情。

好了，知道了目标倒推法。那么就来试一下吧！

2. 收集名人关于梦想的名言，写在自制的书签上，激励自己。

例如：First have a wonderful dream, then make it become reality.(首先有一个美丽的梦想，然后把它变为现实。)——居里夫人

3. 多读成功人士的人生经历，梳理一下他们的成长和圆梦历程(可以简略，也可以详细)，给自己树立榜样。

心动地带

同学们，学习了这节课后，请勇敢大胆地写下自己的梦想和行动吧。

我最大的梦想是____。

从现在开始，我要付出的行动是________________________________。

第三课　好习惯成就未来

导语

叶圣陶先生说："好习惯养成了一辈子受用，坏习惯养成了一辈子吃亏。"习惯决定性格，性格影响未来，好习惯成就美好的未来。同学们，你们在学习、生活和为人处世上养成好习惯了吗？让我们一起来探讨吧。

心灵私语

齐白石是我国著名的书画家。他非常珍惜时间，从不浪费时间，他一直用一句警句来勉励自己，这句警句就是："不教一日闲过。"怎样才算是在一天中没有闲过呢？他给自己树立了一个标准，就是每天要挥笔作画，一天至少要画五幅。即使他已经 90 多岁，他还是一直坚持这么做。

有一次，齐白石的家人和朋友、学生来给他过 90 岁生日，在喜庆的气氛中，他一直忙到很晚才把最后一批客人送走。这时他想，今天五幅画还没有完成呢，应该作完画再睡觉。于是他拿起笔作画，由于过度疲劳，难以集中精力，在家人的一再劝阻下，他才去休息。第二天，齐白石早早地起床了，家人怕他累坏身体，都劝他再多休息会儿，可齐白石却十分认真地说："昨天客人多，我没有作画，今天可要补上昨天的'闲过'呀！"说完他又认真地作画了。

心语广角

教育家叶圣陶说："什么是教育？简单一句话，就是养成良好的习惯。"何为良好的习惯呢？它是一种持之以恒的秉性，能够修正你的不足，历练你的性格，增添你的涵养，使你能牢牢把握前进途中的正确方向，从而超越平凡、脱颖而出。习惯对于正在成长的学生尤为重要，其中良好的做事习惯就是一个非常重要的方面。养成良好的习惯，就如同掌握达到目标的技巧，它将贯穿你成功人生的始终。

好的习惯，不仅表现在遵纪守法、团队合作等良好的做事习惯方面，还表现在真诚、文明、礼貌等良好的做人习惯上。只有两者都做好了，才能成为一个举止得体、有涵养的人。当然好习惯的养成不是一朝一夕的事，需要持久的坚持。可一个坏习惯的养成，却是一件很容易的事情。

心灵健美操

活动一　测一测

初中生行为习惯调查问卷

1. 在学校里经常主动跟老师打招呼吗？

   A. 经常　B. 时有时无　C. 不打招呼

2. 你孝敬父母吗？

   A. 孝敬　B. 做得不够　C. 不知如何孝敬

3. 你与同学的关系如何？

   A. 好　B. 一般　C. 不好

4. 如果同学有困难，你会竭尽所能帮助吗？

   A. 会　B. 不关我的事　C. 力不从心

5. 你觉得应该爱护学校公物或公共场所的设施吗？

   A. 应该　B. 破坏也无妨　C. 视情况而定

6. 你在家里或公共场合会随便丢垃圾吗？

   A. 经常　B. 不丢　C. 有时丢

7. 他人乱丢垃圾，你会劝阻吗？

   A. 会　B. 不会　C. 很气愤，但不敢管

8. 别人乱丢垃圾扬长而去，你会捡起来放入垃圾桶吗？

   A. 会　B. 不会　C. 有时会

9. 随意践踏草坪绿地，这是文明行为吗？

   A. 是　B. 不是　C. 无妨

10. 在绿地草坪也有践踏出来的“近道”，你会抄近道吗？

A. 会　　B. 不会　　C. 有时会抄近道

11. 你上网成瘾吗？

A. 是　　B. 不是　　C. 有一点

活动二　角色扮演

把自己想象成校长、班主任，为了管好学校、班级，你要制定哪些校纪班规？把它写成一份三分钟的演讲稿。

如果我是____

____

____

____

活动三　不堪设想

对于你最头疼的校纪班规，你不妨冷静地想一想，假如真的取消了这些纪律，结果会怎么样？会对学习和生活造成哪些影响？

如果我们上课可以随便说话，那么________________________。

如果我们都可以迟到，那么____________________________。

如果我们都不按时完成作业，那么________________________。

如果大家都不打扫卫生，那么__________________________。

如果____。

活动四　七嘴八舌

我们可以在生活的校园里发现和总结不同的习惯，尤其是在我们身边，请大家举例，越详细越好，请说出哪些是好习惯，哪些是不良习惯，并讲一讲如何改掉这些不良习惯。

好习惯有：____。

不良习惯有：______________________________________。

我们该这么做：____________________________________。

心灵加油站

若有所思

有一个脾气很坏的男孩，他的爸爸给了他一袋钉子，告诉他每次发脾气或者跟别人吵架以后，就在院子的篱笆上钉一根钉子。第一天，男孩钉了三十七根钉子。以后的日子里，他慢慢学会控制脾气，每天钉的钉子慢慢减少了。他发现控制脾气实际上比钉钉子要容易得多。有一天一根钉子都没有钉，他高兴地告诉了爸爸。爸爸说："从今以后，如果你一天都没有发脾气，就可以从篱笆上拔掉一根钉子。"日子一天一天过去，后来篱笆上的钉子全部被拔光了。

爸爸带他来到篱笆边，对他说："儿子，你做得很好！可是，你瞧见篱笆上的那些洞了吗？篱笆永远也不可能恢复原来的样子了。每每你因为大发脾气，说出那些伤害别人的话，如同用小刀去扎一个人，随后又把刀抽出来，所造成的伤害对别人来说，就会像这些篱笆上的洞一样，变成留在别人心里的一个刀疤。无论你之后说多少次'抱歉''对不起'，伤口将一直在那里。要知道，身体上的伤口和心灵上的伤口一样都难以恢复。"

从上面的故事里，你可以得到什么启示呢？

心海启航

习惯的形成大致分以下三个阶段。

第一阶段：1～7 天。此阶段的特征是“刻意，不自然”。你需要十分刻意提醒自己改变，而你也会觉得有些不自然、不舒服。

第二阶段：7～21 天。不要放弃第一阶段的努力，继续重复，跨入第二阶段。此阶段的特征是“刻意，自然”。你已经觉得比较自然、比较舒服了，但是一不留意，你还会恢复到从前，因此，你还需要刻意提醒自己改变。

第三阶段：21～90 天。此阶段的特征是“不经意，自然”，其实这就是习惯。这一阶段被称为“习惯的稳定期”。一旦跨入此阶段，你就完成了自我改造，这个习惯已经成为你生命中的一个有机组成部分，它会自然而然地为你“效劳”。

好习惯，坏习惯，均是如此，都是在不断地重复中慢慢形成的。

一项看似简单的行动，如果能坚持重复 21 天以上，就会形成习惯；如果坚持重复 90 天以上，就会形成稳定习惯；如果能坚持重复 365 天以上，想改变都很困难。同理，一个想法，重复 21 天或重复验证 21 次，就会变成习惯性的想法。

这样看来，改掉不良的旧习惯，养成好习惯，也就没有我们想象的那么难了。

任何一种行为，只要不断地重复，就会成为一种习惯。同理，任何一种思想，只要不断地重复，也会成为一种习惯，进而影响潜意识，在不知不觉中改变我们的行为。

这就是“21 天好习惯培养法”的设计原理，其具体要点如下。

① 坚持这个习惯 21 天。

② 让自己清楚地了解到新习惯带来的好处，因为感情远远比理性的强迫更有动力。

③ 把它当作一个试验。像科学家一样，把培养习惯当作一次尝试而非一次心理斗争，这将有助于集中对待，随时调整和正确对待结果。

④ 远离危险区。远离那些可能再次触发旧习惯的地方。

⑤ 用更好的东西替代失去的东西。

⑥ 将计划写在纸上，并告诉你的朋友，给自己一种压力。

⑦ 保持简单。建立习惯的要求只需要几条就可以了，保持简单，从而更容易坚持。

⑧ 不要追求完美。一步一步地做起，不要指望一次就全部改变。

成功，就是简单的事情反复做。之所以有人不成功，不是他做不到，而是他不愿意去做那些简单而重复的事情。所以，只要你开始做，并一天一天地坚持下去，你就会取得意料之外的效果。

心动地带

1. 学了这堂课后，有哪些收获呢？找老师、朋友、父母聊一聊，让他们说说你有哪些好习惯，有哪些不好的习惯，记下来。

2. 想一想自己是如何对待坏习惯的，写在下面并与同学分享。

我是这样对待坏习惯的：________________________________。

我还可以这样做：____________________________________。

第四课 小宿舍，大文章

导语

宿舍是我家，幸福团结靠大家。同学们，住校生活开始了，你还习惯吗？

心灵私语

大名鼎鼎的俞敏洪在北京大学一次开学典礼上给同学们讲了自己真实的故事：他小时候就喜欢劳动，大学四年里，他也每天坚持打扫宿舍卫生，很乐意为同学们打开水，以至于他们宿舍从来不排打开水值日表。他不认为给大家打开水是件丢人的事。由于他几乎承包了打开水的事儿，当没开水的时候，同学们就会自然而然地问：你怎么还不去打水？

多年后，俞敏洪的新东方初具规模，他需要寻找合作者，于是就跑到美国和加拿大去找他的那些同学。后来同学们果真回来了，但是理由却令俞敏洪十分意外。他的同学们说：“俞敏洪，我们回去是冲着你过去为我们打了四年水的那份情谊去的。”

在集体宿舍生活中，我们应该像俞敏洪那样多关心同学，才能得到温暖，建立深厚的友谊。

心语广角

良好人际关系：成功的第一步

人际关系是人与人之间因为相互认识而产生的吸引或排斥，合作或竞争，领导或顺从等关系。人从一出生就开始了人际关系的建立，即使是婴儿，也会表现出对孤独的恐惧，当他们独处时会哭闹，而当受到他人安抚时则会安静很多。

美国著名心理励志大师戴尔·卡耐基曾说过：成功的15%依靠学识智力，85%依靠心理素质和人际关系。哈佛大学就业指导小组对数千名被解雇的雇员进行调查，结果表明，因人际关系不好而无法施展其长处的竟达90%之多；大学毕业生中人际关系处理得好的人平均年薪比优等生高出15%，比普通生高出33%。以上种种证据表明，良好的人际关系对我们是多么重要，它不仅让我们身心愉悦，更是我们在这个社会立足并获得成功的关键。

人际交往中的心理效应

1. 首因效应：即第一印象的重要性。人们对某个人的第一印象往往会在很长一段时间内影响自己对他的看法。这也提醒我们要想建立良好的人际关系，一定要注意给人留下美好的第一印象。

2. 近因效应：即最近一次与人交往所留下的印象。它会影响我们对这个人的看法。这也告诉我们第一印象固然重要，但关键还要长期保持。

3. 光环效应：我们会因为某个人的优点而忽略他的缺点，俗称“爱屋及乌”。

4. 投射效应：我们会将自己的想法投射到他人身上，认为他们的想法也会与我们一样。投射效应可能产生两个相反的效果：好的效果是“宰相肚里能撑船”，能够换位思考，并能理解、包容他人；不好的结果则是“以小人之心度君子之腹”。

5. 刻板效应：将我们对某一类人的看法强加到某个人身上。

在与室友交往的过程中，你是否存在以上心理效应呢？

心灵健美操

活动一 测一测

根据自己的情况，选择适合的选项。

A. 完全符合　B. 比较符合　C. 不太符合　D. 完全不符合

1. 我对现在的住宿环境很满意。　A　B　C　D
2. 我每天有超过一半的时间在宿舍。　A　B　C　D
3. 我和舍友之间经常交流聊天。　A　B　C　D
4. 当宿舍有垃圾时，大家都会主动清理。　A　B　C　D
5. 我经常与舍友一起娱乐、聚餐。　A　B　C　D
6. 我很喜欢现在的宿舍。　A　B　C　D

7. 我与舍友的生活作息时间比较一致。　A　B　C　D

8. 与舍友有摩擦时，我能很好地解决它。　A　B　C　D

9. 即使有不喜欢的舍友，我也能与他(她)和平相处。　A　B　C　D

10. 如果要调整宿舍，我希望还能选择与现在的舍友同住。　A　B　C　D

11. 当舍友遇到困难时，我会尽力帮助他(她)。　A　B　C　D

测试说明：对于以上每题，A“完全符合”记 3 分，B“比较符合”记 2 分，C“不太符合”记 1 分，D“完全不符合”记 0 分，请根据自己的实际情况，算出你的总分。

总分在 0~5 分，说明你在宿舍的人际关系很不理想；

总分在 6~20 分，说明你在宿舍的人际关系存在一定问题；

总分在 21~33 分，说明你在宿舍的人际关系很好。

活动二　情景扮演

1. 教师给出生活情景，让学生分析问题

小燕是一个沉默寡言的女生，一门心思扑在学习上。而舍友小琳是一个活泼开朗的女生，爱打扮，经常与宿舍的女孩们一起打闹，有时候熄灯也不睡觉，喜欢与其他人卧谈。小燕几乎不参与她们的卧谈，她觉得小琳的噪音非常烦人，并且影响了自己的学习，于是在 QQ 空间里数落了小琳。小琳看见小燕的日志后与其大吵了一架，从此以后两人互不搭理，宿舍氛围变得十分尴尬。

我这样看小燕：____

如果我是小燕，我这样做是因为：____________________________

我的感受是：____

我这样看小琳：____

如果我是小琳，我这样做是因为：________________

我的感受是：________________

2. 学生思考并回答

【小组分享】

在今天的活动中，你体会到了什么？有什么样的收获？

心灵加油站

阅读文章《六尺巷》。

清朝康熙年间，宰相张英的邻居因为想扩建房屋，要占用两家共用的过道。于是，张家人写信给身在京城的张英，希望身为宰相的他可以为家人“主持公道”。张英看完家书，提笔蘸墨书诗四句：“千里家书只为墙，让他三尺又何妨。长城万里今犹在，不见当年秦始皇。”张家人收到回信后，深感愧疚，毫不迟疑地让出三尺宅基地。邻居深受感动，于是也效仿张家向后退让三尺，形成一条六尺宽的巷道，这就是著名的“六尺巷”。

“六尺巷”不仅是邻里和睦的典范，更是中华民族谦逊礼让美德的见证。俗话说：“远亲不如近邻”“远水解不了近渴”。

在校三年难免会遇到突发情况，会遇到自己难以解决的困难，在没有父母照顾的情况下，舍友、伙伴的关心和爱护便是一剂良药。宽容是一种修养，是一种理解，是一种品格，是一种境界。要宽容别人，有时就得委屈自己。与舍友出现矛盾，要主动相让。让，不等于无能，不等于低人一等，而是体现一种宽容的胸怀、大度的风格、高尚的情操。当你气得跳脚的时候，请记得“忍一时风平浪静，退一步海阔天空”。

搞好宿舍关系，要做到：

1. 接受别人(accept)

首先要能够接受别人，积极主动与人交往。爱人者，人恒爱之；敬人者，人恒敬之。接受别人，需要以一种温暖、关爱、亲切、宽容和体贴的态度对待别人。我们要接受与我们交往的人，不但要接受他人本身，还要接受他的习俗、他的习惯，需要全面认识别人，看见别人的长处和优势，怀着开放的心态，主动走出去，与人交流沟通。善待别人就是善待自己，接受别人的同时，别人才会接受你。

2. 重视别人(appreciate)

发自内心地重视别人。诚挚的心灵会使对方在情感上感到温暖愉悦，在精神上得到充实和满足，才可以受到别人的重视。回到宿舍主动向同学打个招呼，说声“你好”或“看见你很高兴”等；同学聚会有事离开时，说声“对不起”“再见”等，这似乎是在尊重对方，其实是在尊重自己。美国思想家、文学家爱默生曾说：“要想得到别人的友谊，自己就得先向别人表示友好。”我们都把自己的生命看得那么重要，只有首先把别人的生命看得重要，别人也才会把我们的生命看得重要。我们没有理由让别人先为我们着想或让别人先重视我们，必须我们先重视别人才行。

3. 赞美别人(admire)

赞美是发自内心地对美好事物或人表示肯定的一种表达。赞美是一种表示肯定的言语与非言语行为，恰如其分的赞美能使我们更好地与朋友、同学交往，从而增进与朋友和同学之间的友谊。赞美也需要掌握一些小技巧。

(1) 寻找贴切、具体的赞美点。赞美的内容应该是对方拥有的，符合真实情况，只有这样才能让被赞美者认为你真正认识到他的优点，产生心理上的愉悦。对于作为中学生的我们，赞美点大致可以分为三点：一是外在具体的赞美，如穿衣打扮、身材、身高等；二是内在抽象的赞美，如处理事情的能力、为人处世的方法等；三是间接关联的赞美，如家庭、朋友等。赞美越具体，说明你对被赞美者越了解，也更容易让对方接受你。

(2) 时机得当，尺度适中。赞美具有时效性，在人际交往中要注意把握赞美时机，当发现别人有可赞美之处时，就要及时大胆地赞美，千万不要错过时机。赞美的尺度掌握得如何，直接影响赞美的效果。发自内心的、真诚的赞美才能够被人接受，且需要恰如其分，点到为止。使用过多的华丽辞藻，空洞地吹捧，只会让对方感到不舒服、不自在，甚至难受和厌恶。

心动地带

1. 朋友感谢卡：制作一张感谢卡以感谢朋友为你做的事，并好好地装饰它，然后将这张感谢卡送给你的朋友。

2. 通过本节课的学习，你有什么收获或体验呢？你的收获和体验很重要，请你用心写下真实想法。

____

____

____

第五课 学会正确归因

导语

同学们，你们是否有过，做错事情或失败了就归咎于外因，做得好时就归功于内因的时候呢？学会正确归因，对我们每个人都非常重要。接下来，我们一起来学一学如何正确归因。

心灵私语

期中考试数学试卷发下来了，小林瞟了一眼分数，脸唰地一下红了。试卷上写着 80 分，这可是他从来没有考过的分数。不用抬头，小林也能感受到数学老师责备的目光。唉，都怪自己，这段时间花太多的时间在新买的电脑上了。结果就……

与小林的懊丧相比，他的同桌小刚则显得有些高兴。他考了 70 分，这个分数大大出乎他的意料，小刚的数学一贯不好。因此，这个分数多多少少让他有些吃惊。大概是那些选择题碰巧选对了吧，他想，否则，怎么能得这样的分数呢？

下课铃响了，小刚迫不及待地抱着球冲出教室，而小林还坐在座位上，检查自己做错的题目。

想一想：小林和小刚面对成绩有什么不同，为什么？

心语广角

美国心理学家维纳对行为结果的归因进行了系统探讨，并把归因分为三个维度：内部归因(简称内因)和外部归因(简称外因)，稳定性归因和非稳定性归因，可控制归因和不可控制归因，如下表 5-1 所示。

表 5-1　行为结果的归因分类

归因类别	成败归因维度					
	因素来源		可控性		稳定性	
	内因	外因	可控的	不可控的	稳定的	不稳定的
能力	√			√	√	
努力	√		√			√
任务难度		√		√		√
运气		√		√		√
其他 (如毅力、方法)						

心理学家张铁忠等人发现，中学生对学习成败的归因主要有以下 6 种类型：

(1) 把失败归之于自己能力差等稳定因素。这种归因会使自己丧失信心，自暴自弃，放弃努力。

(2) 把失败归之于自己不努力等不稳定因素。这种归因会使自己重燃希望，变得努力。

(3) 把失败归之于学习难度大等稳定因素。这会使自己的学习积极性受影响，甚至会对相应学科失去信心。

(4) 把失败归之于运气不好等不稳定因素。这可能会使自己重新树立信心。

(5) 把成功归之于运气好等外在因素。这会使自己产生侥幸心理，下次不一定会努力。

(6) 把成功归之于自己能力强、努力程度高等内在因素。这既可能使自己满意、自豪，也可能使自己产生骄傲、自负等情绪。

总之，不同的归因对行为结果会产生不同的影响。

心灵健美操

活动一 心理沙龙

学习中的你我他，如何来归因?

同学们，在我们学习过程中，归因效应对学习有很重要的影响。正确的归因可起到促进学习的作用，不正确的归因却会阻碍学习。那么，正处于学习和成长中的我们，怎样才能做到正确归因呢？让我们在这次心理沙龙活动中借助下面三个案例来进行探讨吧！

案例 1：小林初一时学习成绩较好，初二成绩下降，他认为成绩不好是因为自己不是学习的料，再努力也没用。

讨论：(1) 归因不合理之处；(2) 设想该生以后的行为和后果。

案例 2：小齐初一时学习成绩较好，初二成绩下降，他认为成绩不好的原因是初二换的老师教得不好，太倒霉了，无法提高成绩。

讨论：(1) 归因不合理之处；(2) 设想该生以后的行为和后果。

案例 3：小张是初一培优班的一名学生，小学时尽管父母很少顾及他的学习，可他的成绩总是名列班级前茅。上了初中后，他的成绩处在中等水平，对此他感到压力很大。平时他非常用功，看书、做作业经常要到很晚才睡，电视很少看，文体活动也很少参加。可第一个学期的期中考试他还是没有考出自己期望的好成绩，为此他感到失望、自卑，晚上甚至出现失眠的情况，不知怎么办才好。

讨论：(1) 对小张的学习进行归因；(2) 设想该生以后的行为和后果。

活动二　测一测

考试归因自测题

如果认为符合自己的情形，请在题号后面打“√”。

我考试成绩不理想，是因为：

(1) 家中无人为我解答疑难作业。（　）

(2) 学习科目过于枯燥。（　）

(3) 家里环境差，没法学习。（　）

(4) 父母不关心我的学习。（　）

(5) 班级学习风气不好。 (　　)

(6) 学校令人讨厌。 (　　)

(7) 老师的教学方法不适合我。 (　　)

(8) 运气不好，复习的内容总是不考。 (　　)

(9) 考题总是太难。 (　　)

(10) 不喜欢任课老师。 (　　)

(11) 我平时养成了懒散的习惯，不愿学习。 (　　)

(12) 我没有找到有效的学习方法。 (　　)

(13) 情绪不稳，常被无端的情绪干扰。 (　　)

(14) 我学习缺乏恒心和毅力。 (　　)

(15) 我不会妥善安排学习时间。 (　　)

(16) 我学习基础不好，跟不上。 (　　)

(17) 我自己努力不够。 (　　)

(18) 我身体不佳，无法集中精力学习。 (　　)

(19) 我对学习没有兴趣。 (　　)

(20) 我本身能力不够，根本不是学习的料。 (　　)

评判：如果你倾向于选择前 10 个答案，那么你是一个外部控制的人。也就是说，你习惯于把事情的成败归因于外部。如果你倾向于选择后 10 个答案，那么说明你善于从自己内部归结事情成败的原因，你是一个内部控制的人。

活动三 积极诵读

关于正确归因

我知道：要想走向新的成功，就要去分析如何成功。

所以，我要做到正确归因！

我要做到正确归因，是要给过去的事情一个完美总结，是要给下一次成功启动一个良好开端；我要做到正确归因，是为了明确努力方向，是为了取得进步和成功；我要做到正确归因，是因为从此要秉持一个信念——让命运把握在自己手中！

心灵加油站

王老师的“法宝”

王老师是一位智慧而快乐的老师，他认为积极的归因方式有利于动机的激发、自信心的培养。于是，他总是要求自己的学生在经历了比较重要的考试和活动后进行可控归因。

通过一个学期的积极归因思维模式的训练，他的学生能够运用积极的认知方式写下自己的心得体会。比如：成功时，他们会写出“这是因为‘我很努力’‘我复习得仔细’‘我准备很充分’”等，从而增强自信，并在以后的学习中更加努力；失败时，他们则告诉自己这是因为“努力不够”“学习方法不当”“准备不充分”等，从而对下次行为的结果形成乐观的预期。

王老师认为：无论是在成功还是失败的情境中，努力归因和可控归因都是适宜的，懂得进行努力归因和可控归因的引导是他帮助学生快乐成功的法宝之一。

心海启航

1. 积极践行归因的三原则

归因的原则：三要三不要。

(1) 要客观分析影响成功的原因，不要主观臆断。

(2) 一般情况下，都要先从自己内部找原因，激发自我责任感，不要一味埋怨外部环境，也不要一味自责。

(3) 要尽量找自己可以改变的原因，不要过多归因于不可改变的因素。

2. 掌握积极归因的方法

(1) 防止“自我损害的偏向”

在现实生活中，有些人在许多微不足道的小事上，总能从中“挖掘”出否定自己的因素来。比如在公开场合说话有点紧张，立即就骂自己“没出息，今生今世干不成大事”。这种归因倾向，在心理学中被称为“自我损害的偏向”。我们要防止自己出现这种心理，做到正确归因。

(2) 正确看待失败

如果我们失败了且又将之归咎于自己缺乏天资或觉得这件事有不可克服的困难，那么以后也不会有多大的改观。但是，如果将造成失败的因素当作可以改变的，比如失败是由于效率低、情绪不好、疲劳或运气不佳，那么这次失败就不会对今后产生坏影响。调查表明，我们如何看待成功与失败会大大影响我们今后的行为，而那些总觉得自己不行的人是可以变得自信的。我们不能总把失败归咎于自己，而是要总结一下导致失败的真正原因，慢慢地改变自己，而不再把失败当成一件不可避免的事情，这样就会更加坚信通过努力能取得成功，学习成绩也能大大提高。

(3) 坚定自信心

自信心是一个人对自己的能力和特点的肯定，是人生重要的精神支柱。拥有了自信，便拥有了迎难而上的勇气和魄力。对于学习，我们应该永远抱有信心，因为：相信自己能成功是成功的前提条件。

心动地带

1. 比一比，找一找，看看自己属于哪种类型？

类型	特点	表现
自知之明型	理想自我比现实自我稍高一些，因此，理想自我对现实自我有导向、激励作用	能正确地认识自我，合理地要求自我(即正确定位理想自我)。通过努力就能实现目标，每次努力都会获得成就感的满足
		能正确地对待成功与失败。知道自己的优点，也知道自己的不足，所以成功时不会沾沾自喜，知道自己还有不足，与理想自我还有距离；失败时也不会气馁，能冷静地分析原因
		能和谐地与人相处，不会老是想着与人家比高低、比名次。不骄傲，也不自卑，以平常心与人相处
自我贬低型	自我评价过低，与理想自我差距太大，即使通过努力，也因目标过高而受挫失望，理想自我成为苛求自己的紧箍咒	拼命地与他人比较，以自己之短比他人之长，看不到自己的优点，越比越感到自惭、羞愧
		对失败或生理上的不足(比如长得不高或不美等)感到自责
		失败归因错误，总是归因脑子不灵、智商不高，觉得努力也没用，丧失信心，对前途悲观失望
		有时为超越他人而强迫自己做乏味的事，结果学校效果很差，并因此对学习失去兴趣
自我夸张型	对现实自我评价过高，以致出现虚假的理想自我	喜好夸张自己的成绩与能力，好炫耀自己，表现自己
		喜好他人表扬、赞许，听不得别人的批评
		喜好说一些不中听的话，常常伤害别人

2. 同学们，学习了这节课，你有哪些感悟与收获呢？请将它们写下来吧！

____

____

第六课 快乐生活每一天

导语

快乐使我们的需求得到了满足。快乐是四种基本情绪(喜、怒、哀、惧)之一。经常保持快乐的情绪，可以提升我们的学习效能，既能让我们获得更大的满足感，也能够增强我们应对挫折的能力，让我们更加积极乐观地面对逆境和挑战。

心灵私语

薇薇是个特别爱笑的女孩，每次她出现的时候，都会带给大家一片笑声。同学们开心地称她为“快乐天使”！她为什么每天都这样快乐呢？我们来看看她的几个生活片段吧。

每天清晨起床时，薇薇都会看着镜中的自己笑笑，然后对自己说："丑小鸭，好心情从新的一天开始了！"

当青春期不期而遇时，薇薇的脸上也长了几颗青春痘。可是她却一点都不烦恼，她对自己说："痘痘终于来了，我的'战痘'生活开始了，哈哈，青春无敌哦，看我怎么消灭你们！"

当自己受到老师批评时，薇薇会想："还好被老师发现了，我可以及时改正这个错误了。"

当有同学需要帮助时，薇薇总是尽可能提供帮助，每次帮完了别人，薇薇都会觉得自己很开心。

阅读上面的小故事，你受到什么启发？

心语广角

快乐是个体由自身需要的满足或目的的实现所带来的一种情绪体验，是由需要(包括动机、欲望、兴趣)、认知、情感等心理因素与外部诱因的交互作用而形成的复杂的、多层次的心理状态。快乐的程度跟金钱、名誉、地位都没有关系。快乐是不分贫富贵贱的，任何人都可以得到它，它是心灵的一种感受。每个人对快乐的定义不同，只要找到自己快乐的方式就好。怎样才能让我们飞翔在快乐的航线上呢？

1. 主动寻觅，用心追求快乐

追求快乐之道，有一个大前提：那就是要了解快乐不是唾手可得的。你得主动寻觅、努力追求，才能得到。当你领悟出自己不能呆坐在那儿等候快乐降临的时候，你就已经在追求快乐的路途上跨出一大步了。

2. 扩大生活领域，尝试新的事物

当你愿意尝试新的活动、接受新的挑战的时候，你会因为发现多了一个新的生活层面而惊喜不已。学习新的内容、开拓新的学习方法，都可以使人获得新的满足。可惜许多人往往忽略了这一点，平白丧失了使自己发挥潜能、获取快乐的良机。任何人的生命都不是精心设计、毫无差错的电脑程序，而是酸甜苦辣样样俱全，所以应该有准备迎接挑战的勇气。

3. 宣泄消极情绪，寻找快乐源泉

当遇到不如意、不愉快的事情，却又不能及时解决时，可以通过运动、读小说、听音乐、看电视、吃美食、找朋友谈心、大声喊叫、放风筝、画画等方式来宣泄自己的不愉快或者压抑的情绪。

活动一 情绪的感染

活动目标：

1. 感受情绪的传染性，情绪管理益处多。
2. 让学生体会到尝试表达某种情绪时，很容易真的产生相应的情感体验。

活动准备：

准备游戏题目。

活动过程：

一、热身活动：比长短

活动时间：5 分钟。

活动步骤：

(1) 分组，每组 6～7 人，分 5～6 小组。

(2) 老师宣布要比的计量单位，然后每组派出一位他们认为会赢此计量单位的人。

(3) 等派出的人都出来了，老师再说比什么。

(4) 计算每次比完后的输赢即可。

注意事项：这个活动想达到的效果是，越不会被大家猜中的越有趣，但题目必须在看到被派出的人之前就想好。例如，比长：比手臂、比上衣、比头发；比短：比食指、比裤子、比裙子；比高：比声调、比手举的高度；比大：比眼睛、比手掌；比多：比身上的饰物、比穿的衣服、比身上的扣子；等等。

二、主题活动：镜中人

时间：30 分钟。

活动步骤：

(1) 两个学生为一组，一方做出各种表情，另一方作为镜子模仿。时间为两分钟左右。

(2) 双方互换角色。

(3) 学生围绕刚才的活动讨论分享：

a. 看到“镜子”的表情，你有什么感受？

b. 情绪可以传染吗？

c. 在努力做出或模仿各种表情时，你的情感发生变化了吗？

注意事项：

a. 作为镜子的学生要模仿到位。

b. 做表情和模仿表情时要注意自身的情感变化。

c. 鼓励学生表达真实情感，态度认真。

三、小组分享

活动时间：5 分钟。

成员对今天的活动进行感悟分享，自身在这堂课有哪方面的成长？突出表现在哪里？

活动二 向快乐出发

活动目的：

1. 让学生明白情绪在问题解决中的强大作用，训练学生的幽默感，培养学生乐观的情绪。

2. 学会用正向的情绪词表达情绪，形成积极的心态。

活动准备：

准备主题活动的表格。

活动过程：

一、热身活动：听我变“声”

活动时间：5 分钟。

活动步骤：

(1) 每个同学选择一个伙伴(最好在这些朋友中挑一位不太熟悉的人作为伙伴)，两人一组，学动物的叫声。

(2) 请同学决定自己要模仿哪种动物的叫声：鸟，羊，狼，猫等。

(3) 两人彼此盯着看，目光不能转移，同时大声学动物叫，至少 10 秒钟。

(4) 学生围绕刚才的活动讨论分享：

a. 在这个简单游戏中，你感觉如何？

b. 你是否感到既幽默有趣，又有些尴尬？

c. 你是否注意到好玩和幽默情绪有助于在这个游戏中创造性地发挥，可能会使你灵机一动，模仿出种种出人意料的叫声，获得满堂喝彩，或者逗得大家捧腹大笑？而在游戏中，感到尴尬的心理却会使你羞于开口？

注意事项：模仿的声音可以由成员自己思考决定，不用过于拘泥。

二、主题活动：积极看世界

活动时间：30 分钟。

活动步骤：

(1) 用建设性的积极用语代替危险性用语，如表 6-1 所示。

表 6-1 用积极用语代替危险性用语

危险性的自我谈话	建设性的自我谈话
我必须……	我愿意……
我肯定不能……	我能……
这太不公平！	世上没有绝对的公平。
这个问题有点麻烦。	这是一种挑战。
我的生活乱七八糟。	我的生活由我做主。
我真的没用！	我是一个有时会出错的人。
我不能对付。	我自信我能把握住。
我真愚蠢！	谁这样说？证据在哪儿？
我是一个失败者。	不能仅仅因为我在……失败，就认为自己是一个失败者。
我不够好。	我能和别人一样做得好。
我一向不走运。	我能掌握自己的命运。

(2) 积极的自我谈话训练：①设计一张自己的内心谈话表，用它来记录你的消极的内心谈话，然后用积极的内心谈话来代替它们，每人至少写 3 个。②小组成员间相互交流。

注意事项：表格给出的仅仅是一些例子，实际进行的时候可以集思广益，扩展思路，自主理解和学习。

三、小组分享

活动时间：5 分钟。

活动过程：每个成员对今天的活动进行分享感悟。

活动三 想一想，写一写

列举通常会使你觉得快乐的三件事情，描述越详细越好。

____

____

____

心灵加油站

转忧为喜的老奶奶

有位老奶奶，她有两个儿子，大儿子卖雨伞，小儿子开洗染店。天一下雨，她就愁小儿子洗的衣服没处晒；天晴了，她就愁大儿子伞卖不出去。因此她整天愁眉不展，吃不下饭，睡不着觉。邻居见老奶奶经常发愁，便在她的耳边说了句话，从此，老奶奶就眉开眼笑了。

想一想：这位邻居对老奶奶说了句什么话？天下雨，大儿子可以卖雨伞；天晴了，小儿子可以晒衣服。您好福气呵！

心海启航

1. 换个想法，快乐自然来

2. 快乐冥想放松

(1) 集中注意力，轻轻地闭上眼睛，全身心放松；想象自己越来越开心快乐，你在快乐的航线上飞翔，越飞越高。

(2) 曾经让你感到快乐的事情一一涌现，历历在目。快乐一直陪伴在你的身边，努力去寻找，去回忆，你的快乐是什么？(或许是同学的一个微笑？或许是家人在一起的畅谈？或许是春天的百花怒放？或许是秋季满眼的金黄？或许是天空中自由飞翔的风筝？或许是母亲的夸奖？……)

心动地带

1. 快乐大磨盘：请你回忆最近两周令你开心的事有哪些，填写在快乐大磨盘每个分格子里，并给每个快乐事件打分，0~100 分，0 分为一点都不快乐，100 分为特别快乐。每当产生负面情绪的时候，把快乐大磨盘拿出来看一看，转一转。

2. 通过本节课的学习，你有什么收获或体验呢？你的收获和体验很重要，请你用心写下真实想法。

____

____

____

第七课 在竞争中获胜

导语

竞争使人积极向上。一个人在竞争以后，无论是成功还是失败，至少他已经战胜了自己。因为在竞争的过程中，他必定会拿出自己所有的实力，拼尽全力去竞争、去拼搏，从始至终，他始终在不断努力，不断奋进。所以说，他始终在不断超越自己、超越梦想，在不断进步。同学们，你品尝过在竞争中获胜的滋味吗?

心灵私语

说到竞争，人们的脑海中总会想到不择手段得到利益或地位的人，也可能想到竞争中的痛苦。我却不这样想，我觉得竞争是快乐的。

说到竞争是快乐的，就不得不提我的“对手”了。在班级里，我是班长，她是作文能手，在成绩上，我们不相上下……

期中考试的数学成绩，我们相差的分数只有 4 分。我在心理暗下决心，下次一定要超过她。说起作文，这是我的弱项，比她差好多。因为作文，我和她拉开了几十颗星的距离。在作文方面我要努力，努力再努力。这不，作文纸发下来了，我一边数着她的字数，一边看着她旁边的分数。想到她的作文被老师表扬过，心里又默默地给她加颗星。过了一会儿，她的星数总结出来了，共有九十多颗，而我呢，只有可怜的七十多颗。我心想：今晚回去一定绞尽脑汁好好写一篇，缩短作文上与她的差距。还有一次，我俩把写得自认为满意的作文拿给老师看，老师说我俩的作文都很好，让我们把作文读给同学们听，我俩都很高兴。上课后，我先把作文一字不漏地读完，然后认真地聆听着“对手”的作文内容。我一边听，一边仔细地对照着自己的作文，发现自己的许多词语用得都不太恰当，句子有的写得也不生动，不吸引人。

我把原来的那篇“好文章”修改了一下，在日记本上又抄了一遍。这时，我突然想到了语文老师说的话：“好作文不是写出来的，而是修改出来的。”此刻，我才明白这句话的真正含义。通过这件事，我增长了写作知识，提高了写作水平，还知道了一个写作小技巧。我如获至宝，心里美滋滋的。

在与“对手”的竞争中，我俩既提高了学习成绩，又加深了情谊，真可谓一举两得。同学们，你的“对手”是谁呢?你能从竞争中体味到快乐吗?

心语广角

竞争是社会进步之母，特别是文明的、公平的竞争对于推动社会发展有巨大的作用。列宁说过：“竞争在相当广阔的范围内培植进取心、毅力和大胆首创精神。”

竞争能激发人的创造精神，它使人精力充沛、思维敏捷、反应灵活、想象丰富。科学研究表明，通常情况下人只能发挥自身潜能的 20%~30%。而在竞争过程中，人处于紧张情绪状态，这种情绪有利于个人潜力的发挥。竞争中的成功者增强了信心，树立了更高的奋斗目标。竞争中的失败者通过总结经验，调整目标与行动方式，为进一步取胜打好基础。

朋友之间经常展开竞争，既能增强信心，又能增进友谊。那么，怎样才能实现良性竞争呢?

第一，培养竞争意识。竞争意识是指个人或团体在某方面力争胜过对方的一种心态。每个人都有渴望成功的愿望，有超过别人的冲动。这种心理如果运用得好，会激发人的进取精神，使人更加勤奋和努力；竞争还会提高人的紧迫感和危机感，从而激发大脑思维，提高学习效率。竞争还可以作为评估自己学识和能力的一种手段，通过竞争明白自己的优势以及与别人的差距……不难想象，缺乏竞争意识的人是很难有所成就的。

第二，相信自己，勇敢面对竞争。在竞争中，要相信自己有能力实现所追求的目标，而不是看到别人的长处就自惭形秽、退避三舍，一个连自己都不敢相信的人根本就没有与人竞争的能力，因此要不断发扬自己的长处。即使在竞争中处于劣势，也不要就此萎靡不振，而是保持积极进取的态度，能尽力做到最好就是成功。绝对不要贬低自己或采取破坏对方的方式来获得自己的优势，也不要采取不正当的手段进行竞争，否则对自己的成长没有任何益处。

第三，积极向竞争伙伴学习。要记住，我们竞争的目的不是贬低别人，而是通过竞争提升自己的能力。竞争伙伴就像一面镜子，可以找到我们的不足，让我们在竞争中不断发现自己的问题。如果我们能积极学习竞争伙伴的优点，改善自己的不足，即使在竞争中处于劣势，相比从前而言，我们不也做到了最好的自己、不断得到了自我完善吗？

活动一 我爱夹弹珠

全班分成 6 人一组，每组选出 2 名同学参加竞争，其他同学认真观察和思考。整个过程全场保持安静。

选出的 2 名同学用长筷子夹起盘子里的弹珠放入另一个碗里，统计 1 分钟内夹到的弹珠数。

每组其他 4 名同学依次轮流参加竞争，最后夹到碗里的弹珠总数最多的小组获胜。

讨论分享：

1. 你的小组成果如何？
2. 你的小组获胜或失败的原因是什么？
3. 回味一下，这种竞争的滋味如何？

活动二　我们爱拼图

每个小组一幅拼图，在组长的带领下分工，完成拼图用时最短的小组获胜。

讨论分享：

1. 你的小组成果如何？

2. 你在小组中扮演什么角色？你的感受是什么？

3. 在活动中，你是否帮助了他人，或是得到了他人的帮助？

4. 从这个活动中，你学到了什么？

活动三　读一读

鲇鱼效应

市场上沙丁鱼活鱼的价格比死鱼高许多，所以渔民总是想方设法让沙丁鱼活着回到渔港。可是虽然经过种种努力，绝大部分沙丁鱼还是在中途因窒息而死亡。但却有一条渔船总能让大部分沙丁鱼活着回到渔港。船长严格保守着秘密。直到船长去世，谜底才揭开。

原来是船长在装满沙丁鱼的鱼槽里放进了一条以鱼为主要食物的鲶鱼。鲶鱼进入鱼槽后，由于环境陌生，便四处游动。沙丁鱼见了鲶鱼后变得十分紧张，左冲右突，四处躲避，加速游动。这样沙丁鱼缺氧的问题就迎刃而解了，沙丁鱼也就不会死了。这样一来，一条条沙丁鱼活蹦乱跳地回到了渔港。这就是著名的“鲶鱼效应”。

想一想：

1. 在鱼槽内放入鲶鱼后，为什么沙丁鱼不会死了，反而大多数存活了下来呢？

2. 在你的校园生活中有过哪些竞争活动或行为？请把它们一一列举出来。

____

____

3. 有人说，竞争就是攀比，你认为这个观点对不对？为什么？

我的观点是：______________________________________

____

心灵加油站

故事一：奔跑的小兔子

一只野狗在追一只小兔子，野狗使劲追，小兔子使劲跑，但最终野狗也没追上小兔子。

小兔子回到家，对母兔说："今天有一只野狗追我。"

母兔问："追上了吗？"

小兔子回答："肯定没追上了，它怎么能追上我呢？那只狗只是为了一顿饭在追我，而我却是为了一条命在跑啊。"

在这个社会里，每个人每天都要面对着很多的竞争，承受着很多压力。想在竞争中生存，就得有一种比别人更强烈的竞争意识和危机感，能够承受住更大压力，这样才可能……

故事二：奔跑的梅花鹿

有一家森林公园曾养殖几百头梅花鹿，尽管环境幽静，水草丰美，又没有天敌，但是几年以后，鹿群非但没有发展，反而病的病，死的死，竟然出现了负增长。后来他们买回几只狼放置在公园里，在狼的追赶捕食下，鹿群只得紧张地奔跑起来，才能逃命活下来。这样一来，除了那些老弱病残者被狼捕食外，其他鹿的体质日益增强，数量也迅速增加。

心海启航

没有竞争，很难有更大的进步。同学们，你希望自己每天都收获一点点进步吗？让我们找一个适当的竞争对手，开展一场“你追我赶”的竞争活动吧！

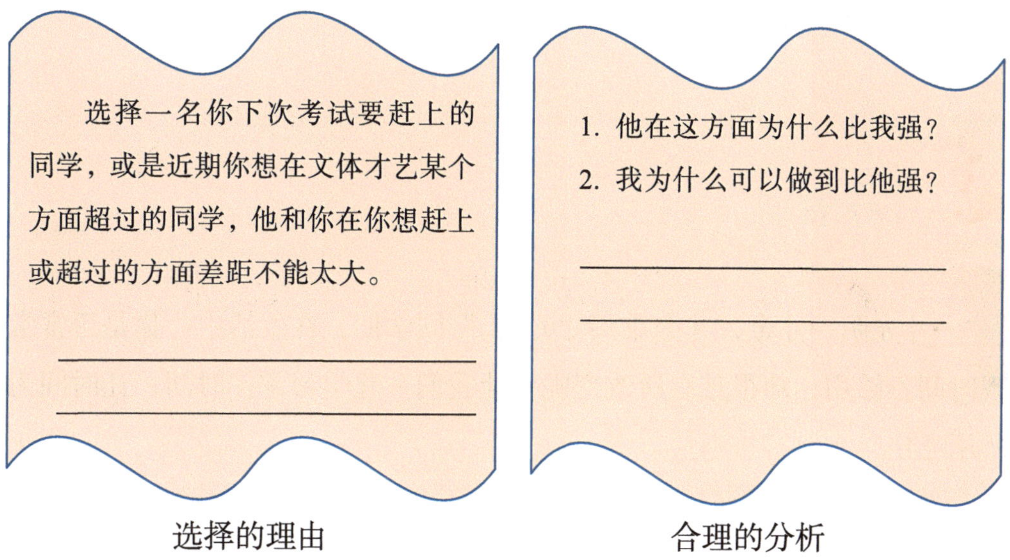

选择的理由　　　　合理的分析

心动地带

选好了么？来一场你与他之间的竞争吧，无论是在心里还是行动上。心动不如行动，要战胜自己的竞争对象，你必须认真做好自己的竞争计划，现在你准备怎么做？请悄悄制定一份竞争计划。

第八课 做时间的主人

导语

“一寸光阴一寸金，寸金难买寸光阴。”同学们，在生活中，你是否常常发现时间不够用，却很难有所改变呢？让我们一起学习掌控时间，让时间为我所用吧！

心灵私语

下面两幅插图，分别是由小颖和小然绘制而成的。

小颖说：“在设计和绘制这幅图画时，我想到了我读过的一则关于时间的实验故事。

1993 年，一位教授来到柏林音乐学院，将那里的学生分成三组：普通的学生、优秀的学生、卓越的学生。他想了解，最好的音乐家有什么共同点?结果，他发现，练习时间的长短不同，学生的成绩也有所不同。普通的学生，练习弹琴的时间，总计在 4000 小时左右；优秀的学生，大约在 8000 小时左右；卓越的学生，没有一个人低于 10000 小时。”

小然说：“你讲的这个故事很励志，我也想到了我读过的一则实验故事——波尔加实验。

有位匈牙利心理学家相信只要方法得当，任何一个人都可以被训练成任何一个领域内的高手。为了证明这一点，他选择了一个传统上女性不擅长的项目——国际象棋对女儿开展训练。结果，他和妻子把自己的三个女儿都训练成了国际象棋世界大师，这就是著名的波尔加三姐妹。

我从中受到的启发是：一个人变化和成功的秘诀就在于经常的、勤奋的、方法得当的用功学习之中。”

心语广角

时间管理是学习如何使自己更容易、更有弹性地利用时间处理事情，并在有限时间内，更高效地完成更多的事情。缺乏时间管理会给我们带来很多的烦恼和压力。相反，时间管理良好的人在同样的时间内完成的事情比别人多，有助于达到学业、生活以及事业上的成功。

由于没有人比自己更了解自己想做和应该做的事，因此没有人能比自己更有效率地管理自己的时间，每个人就是自己的“最佳时间经营大师”，所以每个人要为了自己能更好地成长而学习时间管理。

心灵健美场

活动一 心理沙龙谈

时间管理大家

同学们，时间管理是一门重要的人生课程，学会勤奋、珍惜时间、科学使用时间，我们才能永远得到充裕的时间，才能硕果累累。那么，如何赢得时间，做时间的主人呢？让我们在这次心理沙龙活动中借助下面的材料：“勤能补拙是良训，一分辛苦一分才”“教授的实验”“找找你的时间陷阱”，来谈谈时间管理这个话题。

勤能补拙是良训，一分辛苦一分才

曾国藩是中国历史上最有影响的人物之一，但他小时候的天赋却不高。有一天他在家读书，对一篇文章重复不知道读多少遍了，却还是没能背下来。这时候他家来了一个贼，潜伏在他的屋檐下，希望等读书人睡觉之后捞点好处。可是等啊等，就是不见他睡觉，还是反反复复地读那篇文章。贼人大怒，跳出来说：“这种水平读什么书？”然后将那篇文章背诵一遍，扬长而去！

贼人是很聪明，至少比曾先生要聪明，但是他只能成为贼，而曾先生却成为连毛泽东主席都钦佩的人。

“勤能补拙是良训，一分辛苦一分才。”伟大的成功和辛勤的劳动是成正比的，有一分劳动就有一分收获，日积月累，从少到多，奇迹就可以创造出来。

教授的实验

在一节时间管理课上，教授在桌子上放了一个装水的罐子，然后从桌子下面拿出一些正好可以从罐口放进罐子里的鹅卵石。当教授把石块放完后，问他的学生：“你们说这罐子是不是满的？”“是。”所有的学生异口同声地回答。“真的吗？”教授笑着问。

然后他从桌底下又拿出一袋碎石子，把碎石子从罐口倒下去，摇一摇，再加一些，再问学生：“你们说，这罐子现在是不是满的？”这回他的学生不敢回答得太快。最后有位学生怯生生地细声回答：“也许没满。”“很好！”教授说完后，又从桌底下拿出一袋沙子，慢慢地倒进罐子里。倒完后，于是再问班上的学生：“现在你们再告诉我，这个罐子是满的呢？还是没满？”“没有满。”大家很有信心地回答说。“好极了！”“孺子可教也。”教授再一次称赞这些学生。

称赞完了后，教授从桌底下拿出一大瓶水，把水倒进看起来已经被鹅卵石、小碎石、沙子填满的罐子。这些事都做完之后，教授正色问他班上的学生：“我们从这个事情可以得到什么重要的启示呢？”

【这个故事告诉我们的是：我们的时间是有弹性的——各种各样的事情都能在有限的时间内完成。还有一点是：分清主次——如果刚开始放入的不是大石头，以后就可能永远都放不下了。联系我们的学习生活，你又能得到什么启示呢？】

找找你的时间陷阱

有位研究者通过相关研究发现了十几个时间陷阱，从第一名开始排序为：

1. 拖拖拉拉
2. 看电视
3. 和朋友聊天
4. 发呆/做白日梦
5. 思考要如何做作业
6. 身体上的问题(如生病)
7. 睡过头
8. 没有计划
9. 等候别人
10. 打电话
11. 玩电脑

【找一找，你的时间陷阱有哪些？如何跳出这些时间陷阱？】

活动二 纸笔操练

测测你的时间管理能力

下面是一个时间管理小测验，每题有三个答案：

A. 总是这样　B. 有时这样　C. 从不这样

(1) 我在每学期开始时为自己制定这一学期的学习和生活计划。

(2) 我在课余时间不感到无所事事。

(3) 我把自己的东西放得井井有条。

(4) 我做事情时能坚持到底。

(5) 我在做事情时不容易受其他事情的干扰。

(6) 我能有条理地完成自己该做的事情。

(7) 我能分清什么是当前最该做的事情。

(8) 我能够做到及时反思自己利用时间的情况。

(9) 我每天都能按照自己的计划进行学习和娱乐。

(10) 我每次做事之前都提醒自己要在尽量短的时间内保证质量地完成。

(11) 我每时每刻都知道自己应该做什么事情。

(12) 我每天都能按时起床。

(13) 我认为自己做事效率很高。

(14) 我在任何时候都不曾感觉自己无事可做。

(15) 当完成一件事情有困难时，我不会为自己找借口说："明天再做吧。"

(16) 我从不同时做几件事情，因为哪件事也做不好。

(17) 我从未因为顾虑其他事情而无法集中精力去做目前该做的事。

(18) 我每天放学回家时从未感觉精疲力竭，仍有很大精力继续学习。

(19) 我不认为没有时间做自己喜欢的事情。

(20) 我每隔一定时间便检查自己之前计划完成的情况。

计分说明：

选"A"记2分，选"B"记1分，选"C"记0分。

0~15分：说明你管理自己时间的能力有待提高，需要从计划性、坚持性、合理性、反思性等多个方面来提高自己的时间管理方法和能力。

16~30分：说明你具备较好的时间管理能力，但是在有的方面还有待提高，请分析自己平时的表现和本次小测验得分情况，看自己在哪些方面还须努力。

31~40分：说明你具备很好的时间管理能力和方法，只要坚持下去，一定会收到很好的效果。

活动三 积极诵读

关于时间

啊，时间是什么？医生说时间是生命，商人说时间是金钱，科学家说时间是知识，军事家说时间是胜利，我要说——时间管理就是自我管理，就是生命管理，就是自己的梦想和自己为之努力的脚步！

其实时间管理不只是现在的一件事情，而是一件贯穿我们一生的事情，我们不仅要管理好现在的时间，也应该想一想自己的未来要怎么样，如何管理好一生的时间！

或许我们无法一下子变成一位成功的时间管理者，但只要我们愿意从今天开始，从现在开始，改变我们的习惯，从收拾好自己的桌子开始，从上课不睡觉开始，一点一点地改变自己，我们就会成为成功的时间管理者。

面对时间，我有办法、有能力——我要做有才能的人，去充分利用好时间！

心灵加油站

鲁迅的故事

伟大的思想家、革命家、文学家鲁迅取得成功的一条重要经验就是珍惜时间。鲁迅的整个一生都是在拼时间。他说：“时间，就像海绵里的水，只要你挤，总是有的。”时间对任何人都是公正的。有志者，勤奋者，善于去挣，去挤，它就有；懒汉，不去挣，不去挤，它就没有。鲁迅正是善于挤时间、支配时间的勤奋者。他一生多病，工作条件和生活条件都不好，但他每天都要工作到深夜，第二天起床后，有时连饭也顾不得吃，又开始工作，一直到吃晚饭时才走出自己的工作室，实在困了，就和衣躺到床上打个盹儿，醒后泡一碗浓茶，抽一支烟，又继续写作。鲁迅习惯以各种形式鞭策自己珍惜时间。在鲁迅的卧室里的墙上挂着勉励自己珍惜时间的对联及最崇敬的人。鲁迅曾说："美国人说，时间就是金钱，但我想，时间就是生命，无端空耗别人的时间，其实是无异于谋财害命的。"鲁迅最讨厌那些"成天东家跑跑，西家坐坐，说长道短的人"。

古今中外有许多成功的人，他们就是因为珍惜时间，善于利用时间，才取得了最终成功，所以同学们的学习往往拼的不是智商而是时间管理。希望你们也能学会管理时间，成为时间的主人。

心海启航

积极践行时间管理的方法，愿同学们心海起航有方法！

时间管理的方法：

(1) 使用记事簿；

(2) 清理你的桌子；

(3) 把自己的东西分门别类，编号整理；

(4) 绝不半途而废，一气呵成；

(5) 充分做好事前准备；

(6) 注重劳逸结合。

心动地带

1. 研究下面提供的两张图片，请同学们把自己当下的事情归类在各象限内。

2. 同学们，学习了这节课，你有哪些感悟与收获呢？请将它们写下来吧！

第九课 自我同一性发展

导语

“我是谁？”“我是一个什么样的人？”“我为什么而活着？”“我人生的意义是什么？”“什么才是我想要的？”你问过自己这样一些问题吗？这些曾经、正在或即将困扰我们的问题，涉及一个重要概念，就是自我同一性。

心灵私语

八年级女生小薇，她觉得自己相貌平平、个子矮小，和同学们在一起时总是有一点自卑。

有一天中午，在家吃完午饭回校时，她在一家小饰品店里看到一个很漂亮的发卡，夹在头发上试戴时，店里的其他顾客都说很好看，于是她非常高兴地付了款，来到了学校。整个下午，许多平时不太和她打招呼的同学纷纷来和她接近，课间还有同学约她一起去玩。原本孤单的小薇一下子变得开朗、活泼了起来。

下午放学回家后，她忍不住去照镜子欣赏一下自己的新发卡。可是，新发卡并没有夹在头发上，她找了很久也没找到。这时她才想起来，原来她中午把发卡摘下来付款时，放在店里的收银台上忘记带走了。

心语广角

发生在小薇身上的这种寻找自我的事情，你经历过吗？或者听说过吗？想一想是什么原因导致小薇出现这种情况呢？

自我是一个多层次、多维度的整体结构。自我是指我们能真切地体验和感受自己，即我们能在不同的情境下清晰地感知自己的能力。自我也代表了我们认识和感受世界的方式，以及如何与外界的人或事进行交流和相处等方面的内容。

那么，自我同一性又指的是什么呢？自我同一性，对于青少年来说，即同一性的人格化，是指将青少年的需要、情感、能力、目标、价值观等特质整合为统一的人格框架，即具有自我一致的情感与态度、自我贯通的需要和能力、自我恒定的目标和信仰，是个体在对客体的内心选择系统和控制系统以及积极情感体验的基础上，形成的主我与客我的统一、个体与社会的统一，它体现了现实我与理想我、真实我与想象我的一致性关系，它的核心是个体对自己的认同度和悦纳度，以及个体的自我心理调适能力。

初中生正处于青春期阶段，是人生阶段中较重要的时期，为人格发展历程中多个关键中的关键，是获得同一感而克服同一性混乱的阶段。

自我同一性作为青春期的核心发展主题，是整合人格的各种成分、构成完善人格的标志，进而是心理成熟的体现。

那么，青春期阶段的自我同一性危机带来角色混乱冲突的原因有哪些？一方面，由于青少年本能冲动的高涨带来问题；另一方面，是由于青少年面临学校、家庭、社会的诸多要求和冲突而感到困扰和混乱。在中学阶段，青少年最主要的任务是选择和确定自我角色，建立一种新的自我认同或自己在别人眼中的形象，以及在社会集体中所占的情感位置，它是达到自我同一性的关键因素。如果中学生不能很好地完成自我同一性，就会产生同一性的混乱，阻碍人格的健康发展，甚至影响人的一生。

因此，青春期所面临的同一性危机较其他时期更为严重。处于同一性危机中的青少年不能理解自己；对自我缺乏清晰的同一感；对外部的客观世界存在敌意；不愿意改变自身去适应环境，使个人与外部环境发生矛盾；不能整合，从而不能建立因时间、环境或角色而变化的一致的人格，因而不能很好地适应社会，严重的极有可能出现逃避社会或反社会的行为。

如何解决同一性危机，更好地完成自我同一性呢？

心灵健美操

活动一 二十个我是谁?

6~8 人一组，组内每个成员分别用 20 句话向大家描述一下“我是谁”。可以从你的个性背景、生理特征、爱好、属于你的东西、你亲近的人等方面进行自我描述。

活动二 他人眼中的我

请闭上眼睛两分钟，想一想自己在别人眼中是什么样的。将你想到的填在下面的表 9-1 中，“他人眼中的我”给你一种什么样的感觉?

表 9-1 他人眼中的我

爸爸眼中的我	
妈妈眼中的我	
同学眼中的我	
朋友眼中的我	
老师眼中的我	
邻居眼中的我	
现实生活中的我	
理想(期望)的我	

心灵加油站

伤痕实验

有科研人员曾进行过一项有趣的心理学实验，名曰“伤痕实验”。

科研人员向参与其中的志愿者宣称，该实验旨在观察人们对身体有缺陷的陌生人作何反应，尤其是面部有伤痕的人。每位志愿者都被逐一安排在各个没有镜子的小房间里，由专业化妆师在其左脸做出一道血肉模糊、触目惊心的伤痕。画完后，志愿者被允许用一面小镜子照看化妆的效果。然后，化妆师表示需要在伤痕表面再涂一层粉末，以防止妆容被不小心抹掉。而实际上，化妆师偷偷将画好的妆容全部抹掉了。最后，对此毫不知情的志愿者被分别派往各个医院的候诊室，他们的任务就是观察人们对其面部伤痕的反应。

完成任务后，返回的志愿者竟无一例外地叙述了相同的感受——人们对他们比以往不友好，而且总是盯着他们的脸看。

心海启航

那么我们应该如何很好地完成自我同一性，以更好地发展健康的人格呢？

1. **培养一致的感情和态度，系统调节心理平衡。**青少年处于生理、心理日趋成熟的时期，对外界的刺激比较敏感，情绪不太稳定，这样的特征决定了青少年不能正确地认识自我和悦纳自我，这样就造成青少年在处理与他人的社会关系时容易冷热不均、自相矛盾，严重时甚至会出现心理失常和行为失常。但当我们认清情感和态度的内涵，拥有丰富的情感体验后，就会对他人产生同情心，会主动关心和爱护他人。

2. **培养与他人沟通的能力，挖掘心理潜能。**我们在进入青年期后，自我认知逐步提高，但心理上还没有完全成熟，实践能力和认知能力受知识水平、社会阅历的制约，与人沟通存在局限性。因此，首先我们要认识自己的能力，努力学习科学文化知识，赢得尊重感和认同感；其次要对自己有一个清晰的认识，不可脱离实际，不然会产生焦虑、自卑、愧疚、孤独等心理问题。我们要挖掘心理潜能，使自己以积极、健康的态度应对他人和社会，以自信的人生状态成就学业。

3. **培养目标和信念，提升心理动力水平。**为培养自己恒定的目标和信念，我们要认清目标和信念的内涵。目标是为了达到特定目的而设定的一系列行动计划和时间表，它能引导我们看到自己的优势所在，努力向上，实现自己的目的，不断挑战自己，激发自己的内在动力。当目标和信念具备恒定性的特征后，我们才会有强大的动力，积极面对人生中的各种困难和挫折。

书籍推荐

1.《盔甲骑士：为自己出征》　罗伯特·费希尔　著

内容简介：

从前有位骑士，身披闪耀的盔甲，随时准备去铲除作恶多端的恶龙，拯救遇难的美丽少女……但久而久之，某天骑士蓦然惊觉生锈的盔甲已成为自我的累赘。从此，骑士开始了解脱盔甲、寻找自我的征程。

本书中的骑士正如同你我，在繁忙人世，在日复一日的生活与工作中，为保护自己，穿上了层层包裹的沉重盔甲。终于有一天，我们会和骑士一样，发现它竟然再也脱不下来了。

因为这件盔甲，我们再也闻不到空气中传来的花朵的香气，也听不到旋律优美的曲子。更可怕的恐怕是，对这种种“感受不到”都无动于衷。

骑士的历程犹如我们每一个人的生活，充满了希望与失望、阳光与黑暗、欢笑与泪水。请跟随骑士的脚步，一同寻找失去的自我，发现生命与爱的真谛！

2.《自卑与超越：你根本不知道自己有多优秀》　阿尔弗雷德·阿德勒　著

内容简介：

书中作者提出：每个人都有自卑感，只是或多或少而已。自卑可能让人一蹶不振、放弃自己；自卑也能成为让自己变得更好的原动力，而阿德勒心理学，就是要带给人超越自卑的“勇气”。谁都不能代替你过你自己的人生，谁都不能真正帮你解决问题，只要我们自己拥有了勇气，我们就有了克服困难的活力、超越自卑的强大内心，任何时刻都能成为人生的新开始。

第十课 我爱爸爸妈妈

导语

进入青春期后，你可能会发现自己与父母之间的共同话题越来越少，父母不能理解你的想法，你也无法接受父母的唠叨和期望，渐渐地你们之间好像隔着一道无法跨越的鸿沟。我们总认为爱不需要表达出来，其实，爱需要表达出来，需要沟通，让我们用沟通的方式为自己和父母之间架起一座心灵交流的桥梁吧！

心灵私语

信件一：苦恼的儿子

不知从什么时候开始，我突然觉得自己家的空间变小了，一回到家我就感到一种无法言说的压抑感，我说不清为什么，反正觉得自己越来越像一只关在笼子里的小鸟，毫无自由。父母与我朝夕相处，却根本不懂我的心，不了解我的需求，也不清楚我的困惑。他们对我总是斥责多于鼓励，要求多于倾听，我已经明显感觉到我和他们之间的隔阂。现在我和父母要么互不搭理，要么就是激烈地争吵。我该怎么办呢？

信件二：伤心的父母

女儿是在我们无微不至的呵护下长大的，可她上了初中以后，与我们的交谈明显减少了，问她学校里的事，总是一句“不知道”就打发了我们。平日里，和我们说的最多的只有三句话：“我回来了”“我走了”“给我钱”。我们要她向东，她偏要向西，我们认为美的，她却不屑一顾，我们认为丑的，她却津津乐道。原来那个依偎在我们身边的女儿到哪里去了？难道这就是我们付出无数心血换来的结果吗？

心语广角

家庭是儿童成长的第一所学校，也是铸造人格的重要场所。每个人都有家，家是我们的根。我们与父母的亲子关系是无法割舍的，它会影响我们人生发展的整个过程。我们的基本观念来自童年经历，来自父母对我们的教养方式。我们从父母那里承接了天赋和力量，我们对待家庭的态度也影响着我们的人生发展。家庭，是每个人生活和成长的第一环境和终身环境。

初中生进入青春期这个“暴风骤雨期”后，自我意识高涨，成人感加强，情绪不稳定，身心发展不平衡。因此，在与父母的相处中容易让逆反心理缠住自己，表现出冲动、顶嘴、听不进劝等行为，觉得父母不理解自己。作为家长，在管教子女中也会有爱的错误表达。两代人的成长环境、受教育程度、生活阅历不同，看待和处理问题的方式不同，加上其他家庭因素，亲子冲突由此产生。初中生很有必要掌握与父母交流的技巧。

如何与父母进行有效沟通呢？

心灵健美操

活动一 我所了解的父母

每位同学花五分钟时间回答下面的问题，填写在空白处。

爸爸的生日__________________ 妈妈的生日__________________

爸爸最喜欢吃的食品__________ 妈妈最喜欢吃的食品__________

爸爸所穿鞋子的尺码__________ 妈妈所穿鞋子的尺码__________

爸爸的兴趣爱好______________ 妈妈的兴趣爱好______________

爸爸年轻时的理想____________ 妈妈年轻时的理想____________

爸爸最得意的一件事情________ 妈妈最得意的一件事情________

爸爸最后悔的一件事情________ 妈妈最后悔的一件事情________

爸爸的最大优点______________ 妈妈的最大优点______________

爸爸对我的期望______________　妈妈对我的期望______________

分享：

请分享自己对父母的了解。

活动二　议一议

(1) 下面几种情景，你认为哪一种对进行有效沟通有帮助？

情景一：放学回家，小明见到妈妈后一声不响地走进房间，"嘭"地一声关上了房门。

情景二：放学回家，小明进门见到妈妈后马上就叫了一声："妈，我回来了。"

(2) 请将下列不良的沟通变通为良好的沟通。

情景一：妈妈很晚回家，看见你在看电视，厨房的灯没有关，到处乱糟糟。妈妈很不高兴，向你发火。而你觉得这是妈妈在外面不开心，回家拿你出气，你的回应是："你叫什么？自己在外面受了气，回家拿我出气！不就是灯没关么，值得你这样大声嚷嚷吗！哼！"

情景二：你的妈妈对你说："你们班那个叫李明的，头发留的那么长，说话油腔滑调的，你不要和他一起玩，要和学习成绩好的同学一起玩。"你听到妈妈这样说，就来气，马上回应："你看谁都不顺眼，我和谁在一起玩，是我自己的事，不要你管！"

活动三　角色扮演

请以"妈妈偷看我的日记"为主题模拟设计一个情景。如果你的妈妈偷看了你的日记，你知道后会如何与妈妈沟通？一位扮演孩子，一位扮演妈妈，表演完之后，"孩子"和"妈妈"分别分享他们在情景表演时的真实感受。

活动四 亲情账单

请认真回想后填写下列账单。

我为父母做的事：	父母为我做的事：
____________________	____________________
____________________	____________________
____________________	____________________
____________________	____________________
____________________	____________________

阅读以下故事，启迪心灵。

那天，她跟妈妈又吵架了，一气之下，她转身向外跑去。

她走了很长时间，看到前面有个面摊，香喷喷、热腾腾，这才感觉到肚子饿了。可是，她摸遍了身上的口袋，连一个硬币也没有。

面摊主人很热心地说："来，你坐下，我下碗馄饨给你吃。"面摊的主人是一个很和蔼的老婆婆，看到她站在那里，就问："孩子，你是不是要吃面？""可是，可是我忘了带钱。"她有些不好意思地回答。"没关系，我请你吃。"

老婆婆端来一碗馄饨和一碟小菜。她满怀感激，刚吃了几口，眼泪就掉了下来，纷纷落在碗里。"你怎么了？"老婆婆关切地问。"我没事，我只是很感激！"她赶紧擦眼泪，对面摊主人说，"我们不认识，而您却对我这么好，愿意煮馄饨给我吃。可是我妈妈，我跟她吵架，她竟然把我赶出来，还叫我不要再回去！"

老婆婆听了，平静地说道："孩子，你怎么会这么想呢?你想想看，我只不过煮了一碗馄饨给你吃，你就这么感激我，那你妈妈煮了十多年的饭给你吃，你怎么不感激她呢？你怎么还要跟她吵架？"

女孩愣住了。匆匆吃完馄饨，女孩开始往家里走去。当她走到家附近时，一下就看到疲惫不堪的母亲，正在路口张望……

母亲看到了她，脸上立即露出喜色："赶快过来呀，饭早就做好了。你再不快点儿，菜都凉了！"这时，她的眼泪又开始掉了下来！

有时，我们会对别人给予的小惠"感激不尽"，却对亲人一辈子的恩情"视而不见"。读完此文，说说女孩两次流下眼泪的原因各是什么，反思自己与父母的相处，你有什么感受?

化解冲突六步法：

(1) 想一想冲突发生的原因。

(2) 想一想解决冲突的方法有哪些，列出五条，应注意考虑父母的期望。

(3) 了解父母的愿望及理由，可以通过主动与父母谈心等方式。

(4) 向父母陈述自己的愿望及理由，可通过写信的形式。

(5) 选择一个解决冲突的方法，选择双方都能接受的方法，注意要充分考虑父母的意见。

(6) 观察所选择的方法是否令父母和自己都满意。

心动地带

请同学们根据自己的实际情况，制定一份亲情计划。

亲情计划

1. 父母最希望我做出的改变：________________________________

____

通过努力，我能做到的：________________________________

____

我暂时不能做到的：________________________________

____

2. 以后与父母发生误解或冲突时，我的反应是：________________

____

3. 我最想对父母说的一句话是：________________________

____

第十一课　团结合作真伟大

导语

俗话说，“一只蚂蚁来搬米，搬来搬去搬不起，两只蚂蚁来搬米，身体晃来又晃去，三只蚂蚁来搬米，轻轻抬着进洞里。”为什么三只蚂蚁搬米能轻轻抬进洞里？这正是团结协作的结果。团队协作能力，是指建立在团队的基础上，发挥团队精神，互补互助，以达到团队最大工作效率的能力。团结就是力量，在我们的学习和生活中，团队合作是必不可少的。这节课，让我们一起去体会团队合作带来的心灵愉悦吧！

心灵私语

最近，手掌家中的五指兄弟不知为什么经常争吵，后来人们才弄明白，他们认为自己贡献多，用处大，是家中理所当然的功臣。五兄弟经常为谁的功劳大而争论，唇枪舌战，弄得四邻不得安宁。

大拇指："对人来说，我是最重要的。拿东西时，没有我，什么也握不紧、抓不牢。"然后，他不屑一顾地瞪了大家一眼，接着说："操作电脑键盘，按空格键时，还不是用我，按遥控板时、数钱时……都是用我。所以我用处最多，功劳也最大。"

食指："把我伸出来，我就是 1，第 1。指路时我就是方向。"

中指也不甘示弱："我在你们当中最高，你们碰不到的东西，我能碰到。还有，你们握笔时，拿筷子时，都是靠着我，不让它掉下来。是我，为大家做好了服务工作。"

无名指紧接着说："虽然我没有名字，但你们别小看我，我起的可是承上启下的作用。"

小拇指说："你们握笔时，都压在我身上，害得我腰疼，身体也长不高。"小拇指说着说着，就满脸不高兴。就这样，你一言，我一语，互不相让。

"别吵了。"一个声音响起，大家扭过头一看，原来是手掌老前辈。大家都跑上去问谁的功劳最大，因为手掌的地位很高。手掌大叔说："你们一个都不能少，少一个都做不好事，你们要团结，这样才能为人们做出更大的贡献。"

心语广角

心理学认为，合作是指两个以上的个体或群体为了实现共同目标而共同完成某项任务。合作是适应社会和未来参加工作的基础。中学阶段是自我意识快速发展的时期，正处于思维、智力发展的自我中心阶段，在集体生活中容易出现“我行我素”的特征，这些会影响自身的人际关系和集体的和谐。

人心齐，泰山移。人们在一起可以做出单独一个人所不能做出的事业，智慧、双手和力量结合在一起，几乎是万能的。这强有力地说明了团结合作的重要性。在社会生活中，为什么我们要与他人进行合作呢?因为我们是社会人，谁都不可能脱离群体而单独存在，因为个人的力量毕竟是有限的。与他人合作，我们有更大的面对困难的勇气和战胜困难的力量。

同样，良好的团队(班集体)不仅能为我们的学习提供有利的外部环境，同时也能为我们的身心健康发展提供良好的基础，让我们体验到集体生活的快乐。一个具有合作精神、合作能力的人，也容易获得他人的支持和帮助，因而大大增加了成功的可能性。精诚合作会使我们分享到成功的喜悦，互惠互助能让我们取得更大的胜利。

有合作就有竞争，我们要有良好的竞争意识，相信自己，崇尚公平竞争。同时保持良好的心态，胜不骄、败不馁，接受别人超过自己，更要勇于超过别人。

心灵健美操

活动一 情有千千结

活动步骤:

(1) 所有同学分成两大组，手牵手围成两个大圈，主持人站在圈外指挥。

(2) 每个同学都要记住自己左右两边的人，听到主持人说“解散”的口令后，开始随便向圈内走动，然后主持人叫“停”，大家都停止走动，然后找到刚开始在自己身边的人，保持原地不动，重新牵手。

(3) 紧接着要想尽一切办法恢复到正常的牵手状态。

(4) 全体同学进行交流，分享感受。

活动二 穿越沼泽地

活动准备:

(1) 活动场地以室外为宜。

(2) 准备呼啦圈 6 个、30 块 15 毫米 × 30 毫米的小木块(厚度不限)、秒表 1 个。

活动过程:

(1) 每队 14 人，每次在两队间进行比赛。

(2) 需要穿越的“沼泽地”的长度为 30 米，在靠近起点、中点和终点处分别立一个呼啦圈(由队员固定，高度以立在地面上为宜)，需要队员钻过去。

(3) 队员在穿越“沼泽地”时不能直接站在地上，需要垫上 15 毫米 × 30 毫米的小木块后前进。一队 14 人，只有 15 块小木块。

(4) 只要有队员从木块掉入“沼泽地”，全体成员都需要重新返回起点，从头开始。

(5) 主持人要记录每队穿越“沼泽地”的时间，评出优胜组。

分享：

(1) 要想通过“沼泽地”，需要注意哪些方面？

(2) 当本组的队员安全穿越“沼泽地”到达对岸时，你最深的感想是什么？

(3) 本组有队员不慎掉入“沼泽地”，全体队员要从头开始时，你有什么感想？

(4) 当别的小组通过“沼泽地”的时间比你所在的组快时，你当时的想法是什么？

心灵加油站

故事一：彩球逃生

一位教育家邀请几个小学生做了一个实验。一个小口玻璃瓶里，放着七个穿着线的彩球，线的一端露出瓶子。这只瓶子代表一幢房子，彩球代表屋子里的人。突然，房子起火了，只有在规定时间内逃出来的人才有可能生存。他请学生各拉一根线，听到哨声便以最快的速度将球从瓶子中提出。实验即将开始，所有的目光都集中在瓶口上。哨声响了，七个孩子一个接着一个，依次从瓶子里取出自己的彩球，总共才用时 3 秒钟！

故事二：合作的力量

一位旅行者曾目睹过这样一个壮烈的场面：一群蚂蚁被野火包围，火圈在迅速地缩小，黑压压的蚁群瞬间将葬身火海。这时，蚂蚁群很快地聚集到一起，抱成一个巨大的蚂蚁团，蚂蚁团顺着地势向小河的方向滚去。熊熊的大火烧焦了蚂蚁团外围的蚂蚁，蚂蚁身体不断发出爆裂的声音。但烧焦的蚂蚁一点也没有松动，蚂蚁团迅速地滚过了火区，进入小河，蚂蚁群得救了。

团队合作五要素

1. 尊重。尊重是团队成员在交往时的一种平等态度。平等待人，有礼有节，既尊重他人，又尽量保持自我个性，特别表现在尊重彼此的意见和观点，努力达成一致，为团队营造出和谐的气氛。

2. 欣赏。欣赏同一团队的每个成员，主动寻找团队成员的积极品质，学习这些品质，并努力克服和改正自身的缺点和消极品质。适度的谦虚并不会让你失去自信，只会让你正视自己的短处，看到他人的长处，从而赢得众人的喜爱。

3. 宽容。宽容是团队合作中的润滑剂，它能消除分歧，使团队成员互敬互重、彼此包容、和谐相处，从而体会到合作的快乐。

4. 信任。团队是一个相互协作的群体。它要求团队成员之间建立相互信任的关系。信任是合作的基石，没有信任就没有合作。它是一种激励，也是一种力量。

5. 沟通。个人在团队中，良好的沟通是一种必备的能力。当你有了好想法、好建议时，要尽快和他人沟通，让更多的人理解和分享，特别是在课堂教学的小组合作活动中，汇聚经验和知识，激发自身和团队的力量。

心动地带

1. 合作行为大调查。采访一下你的亲朋好友，看看他们在工作和生活中有哪些合作行为，哪些合作让他们记忆深刻，他们从合作中收获了什么？

我的调查总结

被采访人：____

____

合作故事：____

____

我的感受：____

____

我的收获：____

____

2. 和同学们一起练唱《团结就是力量》，并和周围的同学组成学习小组，互相学习。

3. 学完这节课，你有什么收获呢？

____

____

第十二课　走过花季

导语

身处青春期的你是否有一双温柔的眼眸让你怦然心动？是否有个灿烂的笑容让你挥之不去？是否有个熟稔的名字让你牵肠挂肚？同学们，让我们手牵手一起走过花季、雨季。

心灵私语

李丽活泼、可爱、聪明、漂亮，王东乐于助人、富有才智，他们是某校同年级不同班级的品学兼优的学生，深得老师和同学的喜爱。自从他们同时当选学生会宣传干部后，他们常常在一起研究工作和学习，课余时间也总在一起谈笑风生，他们工作更出色、学习更优秀了。

一次在出完墙报要离去时，王东神秘地塞了一封信给李丽，并叮嘱她回家才看。李丽急忙回到家打开信，原来是一封情书：

亲爱的李丽：

自从与你一起担任学生会干部以来，你非凡的才华让我倾慕，你甜美的笑脸和声音让我难以忘怀，和你在一起我是多么快乐，我情不自禁地爱上你，为你陶醉！

爱你的王东

心语广角

什么是早恋

早恋：凡是没有达到恋爱期年龄阶段的学生谈恋爱，均称为“早恋”。

什么是爱情

生动形象地说：爱情始于雾的浪漫，有着雨的酣畅、云的飘渺、露的灵犀、霜的冷漠、雪的洁白、冰的剔透，最终归于水的平凡与宁静。

早恋的影响

爱情千变万化，让人捉摸不透，而中学生的心理、思想方面都不成熟。自控能力和自我调节能力比较低，如果早恋，容易导致注意力分散、学习成绩下降、丧失进取心、产生失落感等不良后果，严重影响身心健康。

心灵健美操

活动一 测一测

问卷调查(认同的打“√”，不认同的打“×”)。

(1) 有些话要与异性讲才感觉舒服。 (　　)

(2) 在与异性交往的过程中，感到紧张或不自在。 (　　)

(3) 总是想见一个异性。 (　　)

(4) 遇见有让你心神不宁的异性。 (　　)

(5) 经常跟某一固定异性单独出入比较神秘的场所。 (　　)

(6) 总是特别注意某一异性的动作，注意他(她)的每一个眼神，总是想接近对方，并且无心专心学习。 (　　)

(7) 很想接近异性，并与之建立朋友关系。 (　　)

(8) 觉得跟异性一起学习效率更高。 (　　)

分析：认同(1)、(2)、(7)、(8)都是正常的，若有这几种现象，可大胆交往；若认同(3)、(4)、(6)，那你有可能在暗恋某人；若认同(5)，那你要注意是否在早恋。

活动二 解开心结

小强和小红是八年级某班同学，由于两人的家都在同一条路上，因此他们经常放学后一起回家，后来慢慢发展为经常一起单独外出，如看电影、溜旱冰等，成绩直线下降，两人陷入感情的烦恼中。

同学们在和异性交往的过程中也有过一些困扰吧？在大部分情况下，你可能会因为不好意思而不愿意告诉别人，但放在心里自己又没有办法解决。

俗话说“当局者迷，旁观者清”，不妨让大家来帮忙吧！

(1) 每个人准备一张白纸，把你认为与异性同学交往过程中的困惑写下来，采取匿名的形式，但可以在你的答纸上标上特殊的记号。

(2) 老师准备一个纸盒，收集同学们的答纸，全部收齐后，每个同学再从纸盒中随机挑选一张答纸。

(3) 大家拿到别人的答纸后，可以念出纸上的问题并谈谈你的想法以及解决这个问题的方法，本着尊重的原则提出恳切意见。

针对这个小游戏谈谈你的感受。

活动三　真诚交往，团结合作

不同的性别有着不同的个性，与异性交往可以学到自己身上没有的长处。正确的异性交往，不仅有利于智力上的取长补短，也有利于个性上的相互丰富。

活动 A：同学，你好！

活动过程：

(1) 请一位愿意和异性握手的男同学上来，哪位女生愿意上来和他握手，说一句：“同学，你好！”

(2) 讨论：他们之间是什么关系？

(3) 你愿意和异性同学说一声“同学，你好！”吗？自由活动，实践一下。

(4) 班级里许多女生的语文成绩很好，许多男生的数学成绩很好，大家能结成互帮互助学习小组吗？现场结成几个互帮互助小组。

活动 B：一起登陆

道具：呼啦圈两个。

活动规则：每 10 人(5 男 5 女)为一组，分两组进行比赛。要求每组的 10 名队员都站进放在地上的呼啦圈内，不允许身体除脚外的其他部位碰到地面，看哪组在最短时间内能完成任务。

讨论:

1. 通过这个活动，你的感受是什么呢?

2. 你觉得男生和女生间应该怎样合作才能达到目标呢?

活动四 情景再现

情景一:

小米和小巍两家是邻居，他们经常在一起，很少参加班里的集体活动。连集体春游，他俩都悄悄地远离大家，单独在一起。

情景二:

小雯的朋友很多，女生朋友有看电影等活动一定会叫上她，男生朋友骑车郊游也少不了她，大家都羡慕她的好人缘。

情景三:

小颖活泼开朗，她和男生的关系很好，经常在一起说说笑笑；而同桌小雅却不好意思和男生说话，每次向男生借东西，她都要请小颖出马。

情景四:

某班男同学在义务劳动中总是想让女生出丑，把拎水、拖地的重活给女生做。

讨论分享:

1. 讨论他们之间的交往有没有不妥之处？为什么？进行分享。

2. 讨论男女生交往言行规范备忘录。

心灵加油站

阅读下面的故事，说说你受到什么启发?

纯洁的友谊

有一天刚上晚自习，一个同学神秘兮兮地对小明说："有一个女生找你，是你女朋友吧!""别乱说。"小明一边否认，一边匆匆走出教室。一个女生正站在教室外，穿着一身素雅的连衣裙，小明没有见过她，可那个女孩递上一只礼盒，上面写着："生日快乐！周丽"。

哦！原来是她，这是一年前小明结识的外校笔友。他们从来没有见过面，只是把友谊装在信封里。周丽说："今天下午没课，想着明天是你生日，就这样跑来了。"二人交谈着，教室的窗口不时冒出好奇的脸蛋，弄得他们都挺尴尬。终于，小明说："周丽，咱们都别站着，干脆到教室认识认识我们的小伙伴"。就这样一句话救活了这段纯洁的友谊。

小明和周丽的这些做法，让你在日后的异性同学交往中有了哪些借鉴呢?

农夫儿子的选择

一个农夫的儿子早恋了。农夫知道后，一声不吭，他将院子里那棵苹果树上所有未熟的苹果摘了下来。儿子放学回到家，看见桌子上一筐筐未熟的青苹果，很纳闷：这些果子又吃不成，摘了多可惜呀！父亲看见儿子回来，走出院子，拿起竹棍，"噼哩啪啦"地又敲起了枣树上未熟的枣。他怀疑父亲是不是疯了？ "你把它们现在打光，秋天吃什么呀？"他终于忍不住问出口。"你说，这跟早恋又有什么区别呢？"农夫看着儿子静静地说。儿子恍然大悟。他果断地走出了那场早恋，全身心地投入到学习中去了。那年秋天，他家树上没有收获到成熟的苹果和枣子。但他知道：在人生的秋天，他一定会收获很多很多的果实，包括爱情。

心海启航

与异性同学交往的恰当方式：

第一，落落大方，掌握分寸。男同学要充分尊重女同学，要讲文明；女同学也要尊重男同学，要自重自爱。

第二，互相帮助，互相学习。男同学要豁达大度，关心和帮助女同学，主动把危险和困难留给自己；女同学要端庄大方，也要关心和帮助男同学，承担应尽的责任。

第三，我们更要提倡男女同学之间的群体交往。通过开展丰富多彩的集体活动，亲近自然，了解社会，感悟生活，共同走过美好的花季。

心动地带

在今天的活动中，你体会到了什么？感受到了什么？想到了什么？写写你的心得。

____

____

____

第十三课 扬起自信的风帆

导语

古往今来，许多人之所以失败，究其原因，不是因为无能，而是因为不自信。自信是一种力量，更是一种动力，拥有自信的人往往能获得成功。如果说人生是一艘大船，自信就是它的风帆，挖掘潜能、相信自己、关注优势才能扬帆远航。同学们，让我们一起扬起自信的风帆，驶向美好的明天。

心灵私语

我国著名的乒乓球运动员邓亚萍在9岁时就获得全国少年女子单打冠军，

被选入河南省集训队。谁知仅半个月就被退了回来，理由是个子太小，手臂太短，先天条件不好，没有发展前途。邓亚萍没有灰心，她相信自己能行。回到郑州市乒乓球队后，她仍然刻苦训练，15 岁时打进了国家队，后来称霸世界乒坛，多次获得世界冠军。退役后，她进入清华大学学习，后来又到英国攻读并获得了博士学位。

思考：

读完邓亚萍的故事，你有什么感想？

心语广角

随着学习压力和学习难度的增强，同学中无形的竞争越来越激烈，很多同学对自己越来越不自信，总认为自己什么都不行，学什么都学不好，什么都不如别人，从而影响自己的健康成长。上面故事中的邓亚萍也遇到过和大家同样的问题，别人认为：“你不行！”但是最后她却成功了！这是为什么？

自信的重要性

曹操说：“今天下英雄，唯使君与操耳。”他的自信，成就了三分天下的局面。李白说：“天生我材必有用。”他的自信，成就了一代诗仙。陈胜说：“燕雀安知鸿鹄之志？”他的自信，成就了名垂青史的陈胜吴广起义。毛泽东说：“数风流人物，还看今朝。”他对革命前景的自信，成就了中国革命的胜利，成就了亿万人民的解放……

有信心的人，可以化渺小为伟大，化平庸为神奇。我们在生活中也经常说：“自信是成功的一半。”这些都说明了自信在我们生活中的重要性。

一个人是否有成就，只要看他是否具有自尊心和自信心这两个条件。这说明了自信与成功的紧密联系。在学习上，如果缺少自信，就会缺少前进的动力，失去前进的动力。有多少人因为缺少自信而走向人生的低谷，又有多少人因为缺少自信而失去机会。自信是成功的基石！

在我们的生活当中，自信起到尤为重要的作用。在生活上，如果缺少了自信，在人生的大舞台上就施展不出自己的才华，表现不出自我。有多少人因为缺少自信而在心灵上受到伤害，又有多少人因为缺少自信而错过机会。自信是通往成功的阳光大道。

邓亚萍能够挖掘自己潜能的原因主要有以下几点：①能全面、正确地认识自己，看到自己的优势与不足，并努力保持和发挥优势，弥补不足。②能发现自己的潜能，有强烈的自信心和坚强的意志，并能在实践中努力发掘和激发自己的潜能。

那么我们如何挖掘自我潜能呢?

1. 寻找自信的支点，发现自己的长处

我们在评价自己的时候，可以采用场景变换的方法，寻找“立体的我”，也许你会意外地发现，自己原来有很多优点和长处，但一定要以客观的角度看待自己的长处，不能妄自菲薄，更不能盲目自大，毫无依据地盲目自信。

2. 回忆过去成功的体验和感受

经常体会点点滴滴的进步与成绩，就是不断为自己喝彩，为自己鼓劲。通过过去成功的事例，告诉自己我能行，从而对自己充满信心，有足够的勇气迎接挑战，创造成功的未来。

3. 积极自我暗示，提高自己的信心和勇气

我们可以经常对自己说：“我能行!我可以！”“我一定行！我肯定行！”“我是最棒的！”“我身体健康，我学习顺利，我会一天比一天好！”“今天是个好天气，我今天一定会有收获!”……

4. 在实践中激发自己的潜能

当我们有了自己的奋斗目标，就可以从一个个的小目标开始，帮助自己一步一步迈向成功!

例如：今天我要在全班面前大声发言。

今天我要在说话时，直视说话人的眼睛。

今天我要__________________________。

心灵健美操

活动一 “掌声响起来”

游戏规则：

1. 请你预计一下，假如用最快的速度双手鼓掌，一分钟能鼓掌多少下?请将你预计的数字迅速地写在纸的左上角。

2. 听口令鼓掌，并记录实际鼓掌次数。

交流分享：

对比自己的估计数与实际鼓掌次数，谈谈你的感受。

活动二 自信的力量

活动规则：

1. 邀请组内一名同学面对面站好。

2. 其中一位同学伸出左手，在心里默诵自己的缺点五遍，请对面的人用手压一压你的手，感受一下你力量的大小。

3. 然后，伸出右手，在心里默诵自己的优点五遍，再请对面的人用手压一压你的手，感受一下你力量的大小。

4. 两人交换角色，重复游戏。

讨论：

通过这个游戏，你有什么感受？

活动三　优势大搜索

1. 个人优势大搜索——神奇的水晶球

学生看到水晶球后，想象自身的优势，然后在心语卡片上画出个人优势树，并在优势树上画出代表个人各种优势的果实，果实上写出各种优势的名称。写完后，学生分享交流自己的优势树。

2. 同伴互助优势搜索——集体力量大

六人一组，每个人轮流被组内其他学生“搜索”出身上除自己已经发现的其他优势，并填写在该名学生的心语卡片上：“我们认为你还有的优势是……。”

小组内分享：“我拥有……优势，大家认为我拥有……优势。”

全班分享：

1. 通过活动，是否发现自己以前没有发现的优势？

2. 当听到同学们说出你自己的优势时，有什么感受？

3. 你觉得他们所说的优点符合你自己吗？

张海迪的故事

5 岁的时候，张海迪因患脊髓血管瘤造成高位截瘫，但她身残志坚，勤奋学习，热心助人，被誉为“当代保尔”。在残酷的命运挑战面前，张海迪没有沮丧和沉沦，她以顽强的毅力和恒心与疾病做斗争，经受了严峻的考验，对人生充满了信心。她虽然没有机会走进校门，却发奋学习，学完了小学、中学全部课程，自学了大学英语、日语、德语和世界语，并攻读了大学和硕士研究生的课程。

1983 年 3 月 7 日，共青团中央在北京举行命名表彰大会，授予被誉为“80 年代新雷锋”的张海迪同志“优秀共青团员”称号。1983 年张海迪开始从事文学创作，先后翻译了《海边诊所》《小米勒旅行记》和《丽贝卡在新学校》，创作了《向天空敞开的窗口》《生命的追问》《轮椅上的梦》等一百多万字的作品。现为山东省作家协会文学创作室一级作家。1993 年张海迪通过考试和论文答辩，获吉林大学哲学硕士学位。1994 年参加远南运动会。1997 年入选日本 NHK“世界五大杰出残疾人”。1998 年起担任中国肢残人协会主席。2000 年获得“全国劳动模范”称号。

张海迪用坚强的毅力和积极进取的精神书写了自信阳光而璀璨的人生，用自己辛勤的汗水为人类创造了一个又一个精神财富。相比而言，我们在座的每位同学是多么幸运和幸福，生活给了我们健全的身体和正常的校园生活，我们可以做很多很多有意义的事。相信她能做到的，我们也一定能做到，因为我们行动更加方便。

心海启航

自信如此重要，那我们应该怎样去培养自信呢？

1. 经常关注自己的优点和成就，保持一定的自豪感。一个人谦虚是必要的，但不可以过度。过分贬低自己，对自信心的培养是极为不利的。

2. 多与自信的人接触和来往。

3. 用肯定的语气激励自己。当你碰到困难时，要坚定地对自己说："我能行""我很棒""我能做得更好"。

4. 树立自信的外部形象。

5. 高兴时尽情地笑，多当众发言。

6. 懂得扬长避短。

7. 多阅读名人传记。

8. 走路挺起胸膛，加快脚步。

9. 给自己确定恰当的目标。

10. 尽力做自己能做的事。

心动地带

1. 每天，对着镜子对自己说："我真的很棒！"

2. 学完这节课，你的收获和感悟：

____

____

第十四课 潇洒考一回

导语

“考考考，老师的法宝；分分分，学生的命根。”处在中学阶段的我们，如何在考场上发挥最佳成绩，是我们很期待的。

心灵私语

典型案例

初二学生小辰最近心绪不宁，原因是学校将根据即将到来的期中考试成绩排名进行分班，小辰担心自己会因考不好而失去进入重点班的资格。

考试前一天，妈妈特别嘱咐小辰考试答题的注意事项，考前休息好，别喝太多水。妈妈还说同事的儿子就是因为分班考试没考上火箭班，最后中考没能进入重点高中。小辰晚上躺在床上，辗转反侧，紧张万分，想起自己最近和同桌一起迷上了手游，复习不够，很多知识点一知半解，尤其是英语单词忘了好多，久久难以入眠。

第二天早上起床时，小辰感到头痛。进入考场听到开考铃声响起后，更是紧张得要命。眼睛余光瞥见监考老师来回走动，让他难以集中精力答题；听见同学们翻试卷的声音，让他担心自己做不完。结果小辰考得很差。

看着自己的分数，小辰难过极了。

【想一想】

小辰身上发生了什么事情？为什么会这样？你有过类似的经历吗？你是怎么应对的？

心语广角

考试焦虑是人由于面临考试而产生的一种心理反应，是在应试情境刺激下，受个人的认知、评价、个性、特点等影响而产生的，以对考试成败的担忧和情绪紧张为主要特征的心理反应状态。中学生存在的考试焦虑主要有两种趋向：一种是临到考试之前开始感到紧张和焦虑；另一种是在学习过程中长期存在学习焦虑，而考试之前则表现更为强烈。

严重考试焦虑的一些常见表现有三方面：

心理上——紧张、担心、恐惧、忧虑、注意力差、记忆力减退，学习效率下降，情绪抑郁、缺乏自信和学习热情，过度夸大失败后果，常有大难临头之感。

行为上——拖延时间、逃避考试、坐立不安、怕光怕声，考试时思维混乱，手抖出汗，视力模糊，经常草草作答，匆匆离开考场。

躯体上——失眠多梦、头晕头痛、恶心呕吐、面色苍白、四肢发凉、胸闷气短、食欲减退、肠胃不适、频繁小便等。

事实上，遇到重大考试，几乎所有人都存在不同程度的焦虑。焦虑很少影响到考试的发挥，少数人甚至会在轻度焦虑的情况下超常发挥。产生严重考试焦虑的原因并不在于焦虑本身，而在于对焦虑过度的消极心理暗示，真正对考试影响大的是对焦虑的认知歪曲。

适度的考试焦虑具有一定的积极作用。在复习阶段，适度的紧张情绪和压力更能让我们充分做好复习准备。考试中的适度焦虑能让大脑保持兴奋，这有助于我们集中精力应对考试和超常发挥。

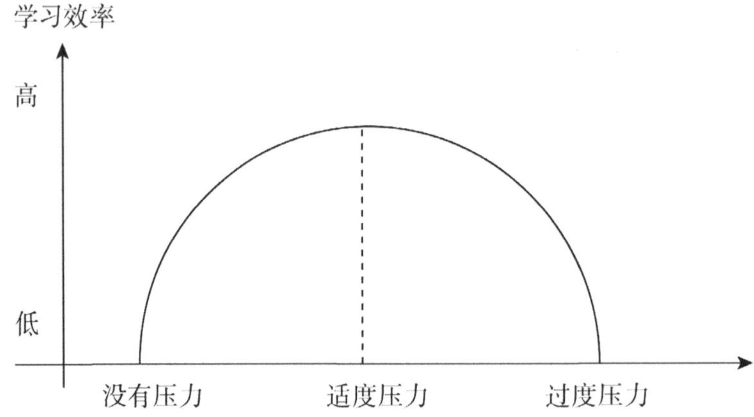

上图倒 U 形曲线说明，没有压力，可能会使人失去动力，停滞不前；适度的学习压力，可以激发人的干劲和潜能，提高学习效率；过度的学习压力会使人陷入焦虑，影响学习效率和已有水平的正常发挥。

心灵健美操

活动一 放松体验

我们可以通过放松体验来缓解考试焦虑。放松的方法有很多，如听音乐、做运动等，现在让我们来体验几种常用的方法。

1. 肌肉放松法

这是一种通过循环交替收缩或放松自己的骨骼肌群，细心体验个人肌肉的紧松程度，最终达到缓解个人紧张和焦虑状态的自我训练方法。首先紧张身体的某一部位，如用力握紧拳头 10 秒钟，使之有紧张感，然后放松约 5 到 10 秒，这样经过紧张和放松多次交互练习后，便能充分放松自己的身体。通常施行紧张松弛训练的身体部位是手、手臂、脸部、颈部、躯干以及腿部等肌肉，需要注意体会紧张和放松之间感觉的差异。

2. 呼吸放松法

练习呼吸放松法的时候，应该穿一些宽松的衣服，把束缚身体的手表、手链等都取下，尽量找一个安静的地方，以舒适的姿势坐着或躺着。用鼻孔慢慢吸气，想象空气从鼻腔顺着气管进入腹部，腹部随之慢慢鼓起来；吸足气后，稍加憋气，然后用鼻子(可结合口)徐徐呼出气体，想象体内的浊气和压力被排出体外，腹部随之凹下去。呼与吸要保持自己舒适的节奏，越慢、越深沉越好。

如果能练习达到在各种复杂场合都能运用自如的程度，那么在任何感到紧张焦虑的时候，运用起来都能得心应手，效用显著。

活动二 我的考试日记

回忆记录：请回忆你记忆最深刻的考试最成功的一次经历，并把你在考试前后的心情变化记录下来，细节越具体越好。

阅读下面的故事，说说你受到什么启发？

从前有一名挑水工，他有两个铁罐，每天早上他都会到溪边挑水。两个铁罐中有一个完好无损，每天都可装上满满的一罐水送到主人家，而另一个罐的底部有一条裂缝，挑水工回到主人家时，水已经漏了一半。所以，挑水工每次送到主人家的水只有一罐半。两年来，挑水工一直把这两个罐子带在身边，破罐常常受到好罐的嘲笑，这令破罐很是惭愧、自卑。一天，它对挑水工说："谢谢你两年来对我的照顾，可是我每次在路上都要漏掉一半的水，你的付出没有得到应有的回报，我感到十分惭愧。"挑水工说："你不必惭愧，明天你看看道路两边吧！"

第二天，挑水工又带着两个罐子上路了，那个有裂缝的罐子依然忧心忡忡。于是，它通过观察周围的景色来排遣心中的郁闷。它惊喜地发现，在它身旁的路边上鲜花丛丛，漂亮极了，而它的同伴那边却没有，它感到轻松多了。挑水工看到它开心起来了，说："其实我早就知道你的裂缝，我悄悄地在你的那边撒下一些花籽，每天由你自然灌溉，然后我把花采回家给主人装饰房子，这一切都是你的功劳，你不要自卑，你的裂缝也是有价值的。"

是啊！在人们往往认为注定是悲剧的时候，最终悲剧却酝酿成了喜剧，所以面对自己的缺点或缺陷，要学会坦然。

曾看到傍晚提着空鱼篓回家的垂钓者，在别人取笑他不懂钓鱼、不会钓鱼时，他仍然爽哉乐哉。他那种快活似神仙的生活真让人羡慕，有人问他为什么守候了一天的失望却还如此开心，他给的回答是：鱼不上钩是它的事，我不懂钓鱼也好，不会钓鱼也罢，只要心里舒坦就好。噢！明白了，原来他已经钓到了一条最大的鱼，那就是一天的快乐。

记住！没有蓝天的深邃可以有白云的飘逸，没有大海的壮阔可以有小溪的优雅。只要你学会坦然面对，一切就会轻松起来，考试也一样。

心海启航

1. 做好考前各项安排，不打无准备之仗。

2. 转变认知，沉着应对。分数=70%的学习实力+20%的考试心理+10%的考试技巧，考试是综合能力的一种体现。

3. 放松肌肉，稳定情绪。

4. 进行正向的自我暗示。

心动地带

1. 梦想板：在小纸片上写下鼓励自己的积极的暗示话语，再用自己喜欢的方式把它表达出来，保存到考试结束。

2. 通过本节课的学习，你有什么收获或体验？你的收获和体验很重要，请你用心写下真实想法。

____

____

第十五课 坚持就是胜利

导语

我国著名的生物学家，也是国际知名的科学家童第周说："别人能办到的事，我经过努力也能办到，世上没有天才，天才是用劳动换来的。"

心灵私语

功夫不负有心人

童第周是我国著名的生物学家，也是国际知名的科学家。他从事实验胚胎学的研究近半个世纪，是我国实验胚胎学的主要创始人。

童第周出生在浙江省鄞县的一个偏僻的小山村里。由于家境贫困，他小时候一直跟父亲学习文化知识，直到 17 岁才迈入学校的大门。

读中学时，由于他基础差，学习十分吃力，第一学期的期末平均成绩才 45 分。学校令其退学或留级。在他的再三恳求下，校方同意他跟班试读一学期。

此后，他就与“路灯”常相伴：天蒙蒙亮，他在路灯下读外语；晚上熄灯后，他在路灯下自修复习。功夫不负有心人，期末，他的平均成绩达到 70 多分，几何还得了100 分。这件事让他悟出了一个道理：别人能办到的事，我经过努力也能办到，世上没有天才，天才是用劳动换来的。之后，这也就成了他的座右铭。

大学毕业后他去比利时留学。在国外学习期间，童第周刻苦钻研，勤奋好学，得到了老师的好评。获博士学位后，他回到祖国，在极为困难的条件下进行科学研究工作。

没有电灯，就在阴暗的院子里利用天然光在显微镜下从事切割和分离卵子工作；没有培养胚胎的玻璃器皿，就用粗瓷陶酒杯代替，所用的显微解剖器只是一根自己拉的极细的玻璃丝；实验用的材料蛙卵都是自己从野外采来的。就在这么简陋的“实验室”里，童第周和他的同事们完成了若干篇有关金鱼卵子发育能力和蛙胚纤毛运动机理分析的论文。

心语广角

在学习生活中，学生一方面面临着来自应试教育选拔考试和父母老师的压力，另一方面，不可避免地会遇到一些困难和挫折、痛苦和失败。在遇到困难和挫折时，意志力不强的学生很容易改变行为方向，回避现实，采取消极的应对方式，其结果不仅严重影响既定目标的实现，同时还进一步降低了自信心，影响学业。因此，培养必要的意志力是心理教育的当务之急。

所谓挫折，指的是个体从事有目的的活动，在环境中遇到阻碍或干扰，使其需求和动机不能获得满足时的情绪状态，是一种普遍存在的社会心理现象。耐挫力是意志力的一个方面，提高学生的耐挫力是培养学生意志力的一个重要方面。耐挫力是人类心理生活中基本的内在品质之一，是一个人个性结构的品质之一，也是人的自我表现意识的核心部分。

心灵健美操

活动一 测一测

应付逆境能力测验

请诚实回答以下问题，每题有三个选项，请选择符合自己情况的选项，其中选“不对”得1分，选“有些对”得2分，选“很对”得3分。

1. 我对某些方面的事情有贡献(如家庭、学校、群体等)。
2. 我对自己实现既定目标的进度感到满意。
3. 聪明总比运气更重要。
4. 运气的降临归功于往日的努力。
5. 如果锲而不舍，最终会闯出新天地。
6. 人生在世，最好顺应环境，人很难改变命运。
7. 我适应新环境很容易，如转学、搬家。

8. 我不难相信别人，也很容易跟别人建立友谊。

结果说明:

15~24 分: 生存毅力在常人之上; 遇到危难时，具有更大的韧性去克服困难; 别人有困难时，你是很有力的支持者。

11~14 分: 你终究会渡过难关，但所需时间可能会长一些。一般生活中遇到的挫折，你都能克服。

8~10 分: 有几分懦弱，经不起挫折。最好的办法是找到生命中有意义的奋斗目标，以积极、自信的态度朝着目标努力。

活动二 意志力训练

1. 列举你生活中想要达到的某个目标，看看如何培养意志力，将具体做法填到表 15-1 中。

(1) 请列出一个具体目标:

____

(2) 你如何才能实现这个目标?

____

2. 活动形式: 两人小组讨论、分享。

表 15-1 培养意志力

方 法	你如何做到?
积极主动	
下定决心	
目标明确	
权衡利弊	
改变自我	
意志行动	
磨炼意志	
坚持到底	
实事求是	
逐步培养	
乘胜前进	

活动三 情感激励

与同学共享励志故事和名言警句，对同学进行激励。

苦难对天才是一块垫脚石，对能干的人是一笔财富，对弱者是一个万丈深渊。

——巴尔扎克

被雨打折了的向日葵，天晴了，它仍旧向着日，美满地开花，美满地结实。

——沈尹默

一个人并不是生来要给打败的，你尽可把他消灭掉，可就是打不败他。

——海明威

人生的光荣不在永不失败，而在于能够屡败屡战。

——拿破仑

真正的强者，善于从顺境中找到阴影，从逆境中找到光亮，时时校准自己前进的目标。

——易卜生

总结语：挫折，是成长的一笔财富、人生的一所学校、砥砺人生的磨刀石，却是懦夫的拦路石；坎坷，是天才的进身之阶、信徒的洗礼之水、能人的无价之宝，却是弱者的无底之渊。

心灵加油站

阅读下面的小故事，你受到什么启发？

井里的驴

有一天，一个农夫的一头驴不小心掉进一口枯井里。农夫绞尽脑汁想把它救出来，但几个小时过去了，驴还在井里痛苦地哀嚎着。最后，这位农夫决定放弃，他想这头驴年纪大了，不值得大家大费周章去把它救出来，于是他请左邻右舍帮忙一起把井中的驴埋了，以免除它的痛苦。

邻居们人手一把铲子，开始将土铲进枯井中。当这头驴了解到自己的处境时，哭得很凄惨。但出人意料的是，一会儿之后驴安静下来了。农夫好奇地探头往井底一看，出现在眼前的景象令他大吃一惊：当铲进井里的泥土落在驴的背部时，驴将泥土抖落在一旁，然后站到铲进的泥土堆上面。很快，这头驴便得意地上升到井口，然后在众人惊讶的表情中快步跑开了。

心海启航

面对挫折，我能这样做：

(1) 失望时运用转移法：①做其他游戏补偿；②看心爱的课外书。

(2) 烦躁时运用淡忘法：听音乐。

(3) 沮丧时运用自我安慰法：①回想成功的时候；②发奋努力，心想我一定能成功。

(4) 难过时运用倾诉法：①与朋友诉说；②写日记；③找妈妈谈心。

心动地带

1. 同学们，通过今天的学习，你有收获吗？你决定在学习上做些什么改变呢？

____

____

____

2. 请在课后制定一份完善的学习计划并严格执行。

第十六课　培养幽默感

导语

幽默可以提高创造思维，让人联想无穷；幽默可以增强人生智慧，使人灵活机智；幽默可以改善人际关系，增添个人魅力；幽默可以缓解压力，促进身体健康。同学们，让我们通过这一课的学习，感受幽默的魅力吧！

心灵私语

18元8角8分

一次记者招待会，周总理介绍我国建设成就。一个西方记者问："中国人民银行有多少资金？”这涉及国家机密，不可能直言相告。总理眉头一皱，很快答道：“有 18 元 8 角 8 分。”在场的人全都愕然。总理解释说：“中国人民银行的货币面额为 10 元、5 元、2 元、1 元、5 角、2 角、1 角、5 分、2 分、1 分，共十种主辅人民币，合计为 18 元 8 角 8 分。中国人民银行有全国人民作后盾，信用卓著，实力雄厚，人民币是世界上最有信誉的一种货币。”话音刚落，全场响起热烈的掌声。总理有意回避问题的实质，以“总面额”替代“总金额”，于是堵了外国记者的口，又不破坏招待会和谐的气氛。运用曲解幽默的语言，犀利而风趣，充分表现出他过人的应变能力和高超的语言艺术。

人生的成败在于心态，一个人要想提高影响力，如果能用积极、乐观地心态面对人生，乐观地接受挑战和应付麻烦事，那他就成功了一半。幽默感是有影响力的人士普遍拥有的一种素质。

心语广角

什么是幽默

从心理学角度剖析，幽默是一种绝妙的防御机制。这种机制，不仅可以使当事人从尴尬中解脱，化烦恼为欢畅，变痛苦为愉快，而且还可以化干戈为玉帛，使当事人平息激动，回归理智，使彼此在新的基础上重拾默契，增进感情。

幽默是一种智力，它的效果令人发笑、耐人寻味却又不引起反感。

幽默是一种特殊情绪的体现。它是人们适应环境、促进人际互动、增进友情的工具，是人类面临困境时缓解精神和心理压力的方法之一。

幽默还是一种品位素质的展示。它不是油腔滑调，也不是嘲笑或讽刺，而是一种从容大度、平等待人、超脱世俗、游刃有余、聪明透彻的境界。

幽默更是一种聪明睿智的表现。它必须建立在成熟阅历和丰富知识的基础上。一个人只有有了审时度势的能力、广博的知识、敏捷的思维，才能做到谈资丰富、妙言成趣。

什么是幽默感

幽默感是一种综合的积极情绪。有幽默感的人会为别人带来欢笑，幽默的人容易看到生活光明、轻松的一面，认为生活充满乐趣和有趣的事；善于用自嘲、滑稽、俏皮、笑话等方式逗大家笑，善于营造轻松、愉快、欢快、开心的氛围；善于有分寸地开玩笑。幽默的人处理复杂问题的应变能力强，而消极情绪与幽默欣赏能力是相斥的，也就是说，处于消极状态的人对幽默的喜爱程度大大下降。

心灵健美操

活动一 心理沙龙

幽默来分享，大家一起乐

同学们，说起幽默故事和脑筋急转弯，大家一定是津津乐道。在本次心理沙龙活动中，欢迎大家先阅读下面的两则材料，再来分享自己在这方面积累的幽默故事和脑筋急转弯段子。来吧，一起乐一乐！

材料一：钱锺书论“鸡”与“蛋”

曾把钱锺书的作品译成德文的邓成博士有一次来到北京，要求无论如何也要见一见钱锺书。钱锺书答应了。

钱锺书是一位很幽默的学者，当邓成博士来到他家中，他说："现在，许多青年读者看了我的小说《围城》，一定要看一看我是什么模样。其实，你吃了鸡蛋，何必一定要看鸡呢？"

邓成博士一听，也幽默地说："这么说，我今天是来看'鸡'！"

两人相视大笑。

笑罢，钱教授才正色道："你研究过我的作品，翻译过我的书，倒是值得来看一看'鸡'，跟'鸡'聊一聊！"

材料二：脑筋急转弯(答案在后面找)

1. 有趣的脑筋急转弯

(1) 把大象放入冰箱，需要几步？

(2) 动物园开运动会，为什么就大象没去？

(3) 蚂蚁骑车去接大象，路过沙漠为什么只留下一条笔直的脚印？

(4) 小峰(主人)回到家里，准备去冰箱拿可乐，为什么没打开门就知道蚂蚁在里面？

2. 常见的脑筋急转弯

(1) 冬瓜、黄瓜、西瓜、南瓜都能吃，什么瓜不能吃？

(2) 一颗心值多少钱？

(3) 你能以最快的速度把冰变成水吗？

(4) 有一个字，人人见了都会念错。

(5) 书店里买不到什么书？

(6) 有一个人走在沙滩上，回头却看不见自己的脚印，为什么？

(7) 什么东西不能吃？

(8) 太平洋的中间是什么？

(9) 有两个面的盒子吗？

(10) “新华字典”有多少个字?

活动二 幽默走一遭

花样百出，就是不一样

采用不同的姿势从a点到达b点，可以漫步、小跑、匍匐、跳跃、走两步退一步、扭秧歌……各种姿势，花样百出，走一走，乐一乐，大家都来幽默走一遭!

活动三 积极诵读

关于幽默

我知道，文学家富有幽默感，会使其作品趣味无穷；演说家富有幽默感，会使听众笑声不断；企业家富有幽默感，会使下属感到亲切；教育家富有幽默感，会更有效地启迪受业者的心灵。

我还知道，幽默可以提高创造思维，让人联想无穷；幽默可以增强人生智慧，使人灵活机智；幽默可以改善人际关系，增添个人魅力；幽默可以缓解压力，促进身体健康。

幽默是一种优美的、健康的品质。我要成为有幽默感的人，我要有渊博的知识和宽阔的胸怀，对生活充满信心与热情；我要成为幽默风趣、自然洒脱的人；我要有高尚的情趣、丰富的想象、开朗乐观的性格。

心灵加油站

看完一个小故事只需要20秒，但慢慢咀嚼可能需要20年。读一读下面五个暖心的亲情幽默小故事，相信同学们一定会有心灵的感动。

散　步

一女在违背父亲意愿下结婚，离婚，父女反目，生活贫困并携一子。

其母心慈，劝女儿趁其父散步的空闲带着儿子回家吃顿热饭，于是她便常带着儿子刻意避开父亲回娘家吃饭。

直到一日下雨，父女两人在社区偶然相遇回避不及，父亲尴尬道：以后回家吃饭就别躲躲藏藏的，害得我下大雨都得出来！

墙　下

有人高中时沉迷网络，时常半夜翻墙出校上网。

一日他照例翻墙，翻到一半即拔足狂奔而归，面色古怪，问之不语。从此认真读书，不再上网，学校盛传他见鬼了。

后来他考上名校，昔日同学问及此事，他沉默良久说："那天父亲来送生活费，父亲舍不得住旅馆，在墙下坐了一夜。"

染　发

今天爸爸在家自己染头。

我就问他："爸，你都快60了，还染头发干嘛啊，还想粘花惹草去啊？"

我爸说："每次我回老家前都把头发染黑，那样你奶奶看见就会以为我还年轻，她也不老。"

功　夫

爸爸："儿子你觉得爸爸壮吗？"

儿："嗯。"

爸爸："你觉得少林功夫厉害吗？"

儿子："厉害。"

爸爸：“如果我剃成光头，练少林功夫好吗？”

儿子拍手：“太好了。”

第二天，儿子看到光头的爸爸，高兴地说：“爸爸加油，一定要练成高手。”

那天，是爸爸化疗的前一天。

追　到

族中一爷爷辈人，七十多岁了，竟然在大门外跟几个五六岁小孩坐泥地上打弹珠，还大呼小叫耍赖……

被祖奶奶听到了，拄着拐棍出来就要揍他，他起身就跑……结果还是被追上，结结实实挨了一棍子……

事后他微笑地说：“要不是怕我妈摔倒，她是追不到我的……”

怎样培养幽默感

首先要扩大知识面。知识面是幽默的基础，也是幽默的来源。知识在于积累，要培养幽默感，必须先广泛涉猎，充实自我，不断从浩如烟海的书籍中收集幽默的浪花，从名人趣事的精华中撷取幽默的宝石。

其次是陶冶情操，洒脱面对人生。要有一颗宽容之心，善于体谅他人，要学会雍容大度，克服斤斤计较。同时还要乐观对待现实，乐观与幽默是亲密的朋友，生活中如果多一点趣味和轻松，多一点笑容和游戏，多一份乐观与幽默，那么就没有克服不了的困难，也就不会整天愁眉苦脸、忧心忡忡了。

最后是培养洞察力和提高观察事物的能力。培养机智、敏捷的能力，是提高幽默素养的一个重要方面。只有迅速地捕捉事物的本质，以恰当的比喻，诙谐的语言，才能使人们产生轻松的感觉。当然在幽默的同时，还应注意把握好灵活性，做到幽默而不落俗套，真正体现幽默的魅力。

一个具有幽默感的人和会说笑话或能逗人发笑的人是有区别的。只有深刻领会幽默的内在含义，机智而敏捷地指出他人的缺点或优点，在微笑中加以肯定或否定的人，才是真正懂得幽默的人。这样的人充满生活情趣，许多看来令人痛苦烦恼之事，他们却能应付得轻松自如。以幽默来处理烦恼与矛盾，可以使人感到和谐愉快，相融友好。

心动地带

1. 认真分析下面这张图片，愿同学们有所收获！

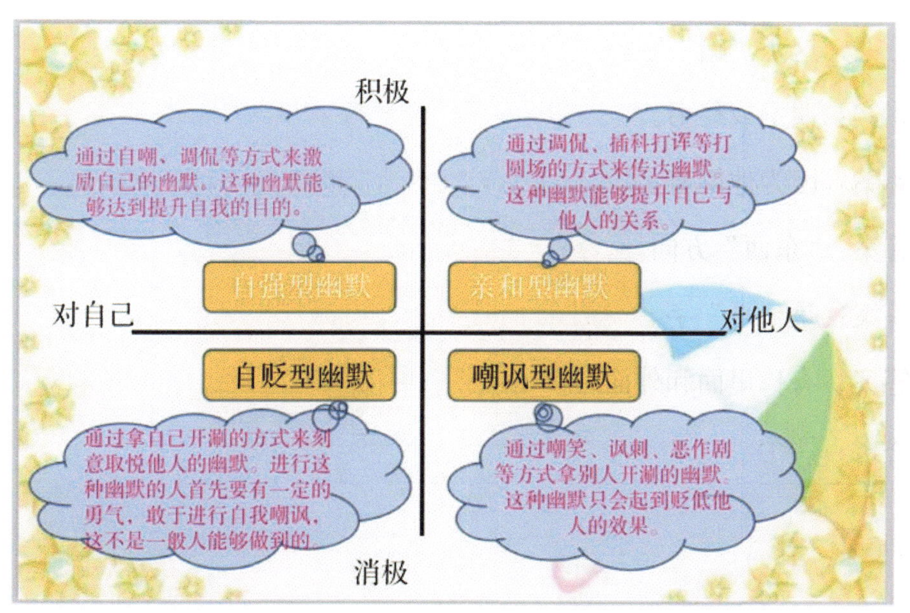

2. 同学们，学习了这节课，有哪些感悟与收获？请将它们写下来吧！

____

____

____

有趣的脑筋急转弯

答：分三步——开冰箱门，把大象放进去，关冰箱门。

答：大象在冰箱里。

答：蚂蚁是骑自行车路过的。

答：蚂蚁的自行车在门口。

常见的脑筋急转弯

答案：傻瓜。

答案：1 亿。因为一心一意嘛!

答案：把“冰”字去掉两点，就成了“水”。

答案：这是“错”字。

答案：遗书或秘书。

答案：因为他倒着走。

答案：“东西”方向。

答案：是“平”字。

答案：有！里面和外面。

答案：四个。

第十七课　神奇的积极自我暗示

导语

同学们，有一种神奇的本领，叫作积极自我暗示。经常给予自己积极的自我暗示，有利于提高自己的信心和勇气，能帮助我们发掘潜能。

心灵私语

小明的收获

小明正在写语文作业，突然他停了下来，问爸爸：“爸爸，‘天将降大任于斯人也，必先苦其心志，劳其筋骨，饿其体肤，空乏其身，行拂乱其所为，所以动心忍性，曾益其所不能。’这句话表现的中心思想是什么呢？”

爸爸说：“爸爸相信你能够领悟到其中的道理的，这一类的名言警句还有很多呢。现在，我回应给你两句励志名言‘不是一番寒彻骨，哪得梅花扑鼻香。’‘历尽冰霜春自回，历经坎坷悟人生。’你联系起来想想，感受到了什么呢？”

思索片刻，小明说：“我感受到了人对事情看待要有乐观的态度,要在生活过程当中保持这样的意识。”

爸爸说：“你的感受是有道理的，可以写在本子上。其实，关于这句话的解读可以是多元的，爸爸相信你能用查资料的方法再得到获得其他的答案。”

半小时后，小明的作业本上又写下了好几行新的答案，他非常满意自己对这道语文题目的解答，觉得这次写作业的收获很大。

心语广角

积极的自我暗示是一种常用的心理调整方法，具有下列心理效应：

第一，镇定作用。人的心理十分复杂，经常受到外界情境的影响。尤其是在对抗、竞争的条件下，对手创造了一个好成绩，会造成你的内心紧张。自我暗示在这时就能起到排除杂念、镇定情绪的作用。

第二，集中作用。一件事情，尤其是一定难度的事情的成功，总是离不开注意力的高度集中。缺乏心理训练的人，常常是到了注意力应该高度集中的时候，却出现心猿意马的情况。怎么办？学会自我暗示，兴许能减少你的苦恼。

第三，提醒作用。有人曾说，当你想和别人吵架，并准备好某些词语时，请你在嘴里默念："我一定不要让这些词语出口！"只要这样做，大多是吵不起来的，这也是一种自我暗示的方法，它可以提醒人们不去做某种事情。

心灵健美操

活动一 左手氢气球，右手铅球

人数：两两配对或一对多。

基本要求：保持安静和闭眼，站立或坐着完成均可。

目的：体验暗示的神奇力量。

引导语：("/"号表示适当的停顿)

深呼吸，/现在请将你的双手伸直放在胸前，尽量伸直，掌心朝上，并使双手保持在同一高度。/请跟着我的话语在脑海中静静地想象，/在你的左手和右手掌心各放一个体积相同的球，/你的左手是氢气球，/你的右手是铅球。/左手的氢气球在慢慢地膨胀，变得很轻、很轻……/右手的铅球也在慢慢地膨胀，它变得越来越重，越来越重，/你快要托不住它了。/好，你做得很棒。/现在睁开眼睛，观察自己的手，是不是发生了变化？

活动二 进行正向的自我暗示

暗示对人的心理影响是极大的，在学习休息之余多和自己交谈，不断地强化必胜的信心。时间长了，这种良好的积极心态就会成为自己的一种思维习惯。同学们可以根据自己的实际情况，选择能激励自己、能使自己心情平静和增强信心的话，在心中默念3至5遍。暗示语需要注意以下几点：

1. 用现在时而不用将来时。

例如：只要我努力，过一段时间我一定能把语文复习好。(×)

我正在努力，现在就能将语文复习好。(✓)

2. 用肯定句而不用否定句。

例如：等会儿考试时，千万不要紧张啊。(×)

走进考场时，放松就好。(✓)

3. 多次重复，经常练习。

多次重复，不断强化，才能获得成功哦！

活动三 想象练习

同学们，学会积极的心理暗示，改变自己的心态。改变心态从改变思维开始。下面有三个心理练习，大家来感受一下吧。

(1) 星期天，你本来约好和朋友出去玩，可是早晨醒来发现，下雨了。这时候，你怎么想？

你也许想：糟糕！下雨了哪儿也去不成了，闷在家里真没劲。

如果你想：下雨了，也好，今天在家里好好看看电影、听听音乐、打会儿游戏、困了睡一觉……

【我们无法左右天气，但是我们可以通过正向的态度、积极的自我暗示来改变心情！】

(2) 当你心烦、焦虑时，请你闭上眼睛——

设想你在自然界最宁静的地方，比如，初秋，在一个宁静的花园里，清晨的雾气还没有散尽，阳光就开始抚摸你的脸庞，就像儿时母亲的手一样温暖和柔和。蝴蝶在花丛间翩翩飞舞，小鸟在树端啾啾鸣唱。清新的空气中飘来花儿的幽香，让你感到心旷神怡。远处传来飘渺的歌声，你躺在绿草如茵的大自然里，诗情画意，你被陶醉了，感觉自己仿佛在仙境之中。

(3) 当你不快乐、不自信的时候——

首先，深呼吸一口气。

然后，在脑海中浮现你以前成功时、幸福时，最自豪、最愉快的画面一分钟，并在心中默念三遍：是的，我做什么都能做好！我是一个能力很强的人！

最后，充满信心、精神振奋地再去做事情或学习。

活动四　积极诵读

关于积极自我暗示

我是一个积极进取的人；我是一个乐观、开朗的人；我是一个内心平和的人；我是一个勇敢的人；我是一个具有良好心态的人；我是一个具有坚定信念的人；我是一个具有人格魅力的人；我是一个能合理安排时间的人；我是一个充满爱心的人。

我是一个目标明确的人，我要一砖一瓦地构建出自己成功的殿堂；我是一个成功自信的人，我相信水滴石穿的道理；我是一个永葆青春活力的人，我相信每失败一次就等于走向成功一次；我是一个光明磊落的人，我相信这一次的拒绝就是下一次的赞同；我是一个具有良好记忆力的人，我相信今天的不幸往往预示着明天的好运；我是一个追求成功卓越的人，我相信只要生命不息就要坚持到底。

心灵加油站

《世说新语·假谲》篇有一段故事。曹操领兵出征，走错了路，找不到水。

士兵们渴得似乎嗓子冒烟了。曹操看到这种情况，便用马鞭指着前方说，前面就是一大片梅林。士兵们一听，想到梅子的酸味，顿时流出了口水，也不感到口渴了。于是队伍继续向前，一口气又走了几十里路，找到了水源。这就是脍炙人口的“望梅止渴”故事。曹操利用语言暗示的作用，达到了止渴的效果。

1. 积极自我暗示的原则

(1) 改变不是一次暗示就能发生的，要坚持对自己进行积极暗示。

(2) 始终要用现在时态，而不是将来时态进行暗示。

(3) 选择正向的、积极的词语进行暗示。

(4) 创造出一种相信的感觉。

(5) 一般来说，语句越简短就越有效。

(6) 始终选择那些自己感觉完全合适的肯定。

2. 积极自我暗示的方法

(1) 音乐暗示法:《命运交响曲》。

(2) 动作暗示法：走路动作有力，抬头挺胸，充满自信。

(3) 语言暗示法：自我暗示的语言要积极向上，不要出现“不能”“不行”等消极负面的词。

3. 积极自我暗示的技巧

(1) 积极暗示语言：只能输入积极的语言，比如，“在我生活的每一方面，都一天天变得更美好”“我的心情愉快”“我一定能成功”等，语句简洁有力，不要含糊、脱离实际和与人攀比。

(2) 暗示最佳时间：早晚睡前醒后的时间再恰当不过，你可以躺在床上，每次花上几分钟，身体放松，进行一下自我心理谈话——描述自己的天赋和能力；想想成功的景象；用简短的语言给自己积极有力的暗示。

(3) 反复运用：无论什么见解、计划、目的，只要以强烈的信念和期待多次反复地进行思考，那它必然会置于潜意识中，成为积极行动的源泉。

同学们，学习了这节课，有哪些感悟与收获？请将它们写下来吧！

____

____

____

附录 活动拓展集锦

活动拓展一

认识自己

一、热身破冰活动：串名字游戏

1. 活动目的：活跃气氛，打破僵局，加速学生之间的了解。

2. 活动时间：10 分钟。

3. 活动人员：人数不限。

4. 活动场地：不限。

5. 活动程序：

大家围成一圈，任意提名一位学生作自我介绍，说出自己的姓名。第二名学生轮流介绍，但是要说：我是***后面的***。第三名学生说：我是***后面的***的后面的***。依此进行下去……最后介绍的一名学生要将前面所有学生的名字复述一遍。

6. 分享：

(1) 通过这个活动，你有何感受？

(2) 你是否记住身边伙伴的姓名？

二、主题活动：20 个“我是谁”

1. 活动目的：认识并接纳自我，了解自己与他人的不同，并接纳独特的他人。

2. 活动时间：30 分钟。

3. 活动人员：人数不限。

4. 活动场地：不限。

5. 活动程序：

老师给每个学生一张白纸和一支笔，然后先找到一个学生做示范，连续让他回答“我是个……的人？”当他说出众所周知的特征时，如“我是男人”，老师告诉大家这种回答不反映个人特征，应尽量选择能代表个人风格的语句。然后让大家开始边思考，边在纸上写下关于我是谁的语句，最好不少于 20 句。当最后一位学生停下笔的时候，老师让学生分五人或六人一组进行交流。最后每个小组派一个代表发言，交流活动感受。

6. 分享：

通过这个活动你有何感受？是否更好地认识了自己？

活动拓展二

自我探索——优点轰炸

一、热身活动：松鼠与大树

1. 活动目的：促进彼此之间的融合，为接下来的活动热身。

2. 活动时间：10 分钟。

3. 活动人员：10 人以上。

4. 活动场地：室外。

5. 活动程序：

(1) 事先分组，三人一组。两人扮演大树，面向对方，伸出双手搭成一个圆圈；一人扮演松鼠，站在圆圈中间；其他没成对的学生担任临时人员。

(2) 老师喊“松鼠”，大树不动，扮演松鼠的人必须离开原来的大树，重新选择其他的大树；老师或临时人员临时扮演松鼠并跑进大树当中，落单的人表演节目。

(3) 老师喊“大树”，松鼠不动，扮演大树的人必须离开原先的同伴，重新组合成一个新的大树，并圈住松鼠；老师或临时人员临时扮演大树，落单的人表演节目。

(4) 老师喊“地震”，扮演大树和松鼠的人全部打散并重新组合，扮演大树的人也可扮演松鼠，扮演松鼠的人也可扮演大树，老师或其他没成对的人也插到队伍当中，落单的人表演节目。

6. 分享：

通过身体的接触，彼此之间是不是已经消除了隔阂？

二、主题活动：优点轰炸

1. 活动目的：学习并发现自身与他人的优点，从强调长处中促进自尊和追求个人成长的动机。

2. 活动时间：35 分钟。

3. 活动人员：人数不限。

4. 活动场地：不限。

5. 活动程序：

一位组员站在团体中间，其他组员轮流说出该同学的优点和可欣赏之处(如性格、相貌、处事)。规则是必须说优点，态度要真诚，努力去发现他人的长处，不要毫无根据地吹捧，以免伤害别人。参加者要注意体验被人称赞时的感受如何？怎样用心去发现他人的长处？怎样做一个乐于欣赏他人的人？

6. 分享：

通过这个活动，你对自己的长处有没有一个新的认识？

活动拓展三

天生我才

一、热身活动：奇数偶数

1. 活动目的：活动热身，调动大家的积极性。

2. 活动时间：5 分钟。

3. 活动人员：人数不限。

4. 活动场地：不限。

5. 活动程序：

(1) 将全队人分成红白两队。

(2) 所有人围成一个圆圈，面向内侧坐下。

(3) 然后依圆圈中央主持人的口令逐次报数。但是和普通报数不同，以只报奇数或只报偶数的不规则形式进行。

(4) 如果主持人说：“报奇数”，就是 1、3、5、7……若主持人突然说：“报偶数”，则接着刚才的数字报 8、10、12、14……

(5) 如果有人说错了，就被判出局，离开圆圈。

(6) 玩到最后，人越来越少，就可以结束游戏。

(7) 由主持人计算剩下较多组员的那一组获胜。

6. 分享：

通过这个游戏，你得到了哪些启示？

二、主题活动：天生我才

1. 活动目的：通过练习，帮助参加者了解自己的长处，珍惜自己的潜能，学会自我欣赏，自我肯定，学习欣赏别人，增进信任和自信。

2. 活动时间：60 分钟。

3. 活动人员：人数不限。

4. 活动场地：不限。

5. 活动程序：

指导员先让每个学生完成“天生我才”练习表(附表 3-1)，表中内容如下：

附表 3-1 “天生我才“练习表”

我最欣赏自己的外表是	
我最欣赏自己对朋友的态度是	
我最欣赏自己对求学的态度是	
我最欣赏的一次学业成绩是	
我最欣赏自己的性格是	
你最欣赏自己对家人的态度是	
你最欣赏自己做事的态度是	

学生们填完表以后，6～8 人一组，回答下列问题：

(1) 你是否同意每个人都有长处，为什么？

(2) 当你做一件事情时，如帮助盲人过马路，或者考到理想的成绩，等等，你会欣赏自己的行为吗？

(3) 当你做一件事情时，如在一次重要的约会上迟到，或者考试时完全不知道怎么回答问题，你会怎样对待自己？你会责骂自己吗？为什么？

6. 分享：

(1) 通过这个活动，你对自己的长处有没有更深的认识？

(2) 对他人的长处你怎么看待？

活动拓展四

人生什么最重要

一、热身活动：1 块钱、2 块钱

1. 活动目的：通过肢体的接触，消除彼此之间的拘束。

2. 活动时间：10 分钟。

3. 活动人员：10 人以上。

4. 活动场地：室外。

5. 活动程序：

(1) 根据男女学生不同比例，如果男生比例远远大于女生比例的话，女生就当“2 块钱”，而男生则当“1 块钱”；如果女生比例远远大于男生比例的话，女生就当“1 块钱”，而男生则当“2 块钱”。

(2) 根据老师喊的钱数，所有学生组成相应的数字，没组成符合要求数字的，均被淘汰。比如，老师喊 7 块钱，所有学生组成一个小组，这个小组所有人的面值加起来应该是 7 块钱，没有组成小组的学生将被淘汰。

(3) 剩下的人继续组合，直到剩余四人或五人为止，游戏结束。

6. 分享：

通过这个游戏，你有哪些收获？

二、主题活动：人生什么最重要

1. 活动目的：关注自己最重要的需要，正确区分需要的合理性，纠正自己不合理的需要，提高自我的需要层次，并采用建设性的方法满足自己的合理需要。

2. 活动时间：45 分钟。

3. 活动人员：人数不限。

4. 活动场地：不限。

5. 活动程序：

(1) 指导语：请大家在椅子上坐好，用最放松的姿势。为了我们能够非常专心，所以请大家闭上眼睛，尽量放松地坐好，非常认真地想一想：在你的生命中，哪些是最宝贵的？如果要你列出五样东西的话，它们都是什么？

(2) 睁开眼睛后，请把刚才想到的生命中最宝贵的五样东西写在纸上。

(3) 请再仔细地看看自己写下的五样东西，想想它们对你来说意味着什么。

(4) 如果现在因为一些原因，你必须去掉一样东西，你会去掉什么？请把它划掉。现在，你只能保留三样东西，你会保留哪三样东西？

(5) 现在，不得不再去掉一样东西，只保留两样东西，你将去掉哪一样东西？你只剩下两样最宝贵的东西了，你的心情如何？

(6) 可是因为一些原因，你还得去掉一样东西。现在你手中的就是你认为对你来说是最宝贵的，想想你为什么在舍弃了四样东西之后，一定要把它留下来？它对你来说真的那么重要吗？如果它真的是你生命中最宝贵的东西，请你想想你为此做过什么？你是怎样去珍惜它的？

(7) 分组后，请大家在小组中分享自己的感受。

6. 分享：

通过这个活动，你对人生的看法有没有改变？

活动拓展五

体验情绪

一、我的情绪事件

1. 活动目的：测试自己的情绪状态。

2. 活动操作：回答下面的问题。

3. 指导语：想一想，哪些事件会引起你生气、难过、焦虑、害怕、丢脸、无助的感觉呢？

(1) 我最生气的一件事：

____

(2) 我最难过的一件事：

____

(3) 我最焦虑的一件事：

____

(4) 我最害怕的一件事：

____

二、情绪表演

1. 活动目的：体会各种不同的情绪。

2. 活动操作：准备一些写有情绪词的卡片，如高兴、悲伤、震惊等。让参与活动的学生随机抽取卡片，并按照卡片表演对应的情绪。

3. 活动思考：

(1) 你在活动中有何感受？

(2) 你觉得自己的情绪表达与大家给你的反馈一致吗？

三、人生最重要的时刻或事件

1. 活动目的：帮助学生了解以往的生活经历对当前生活的影响，并对自己的情绪做出正确的处理。

2. 活动过程：教师要求学生闭目，安静。仔细回忆自己人生中最快乐(或最悲伤、最痛苦)的时刻或事件，静思 3~5 分钟。然后，请大家睁开眼睛，请一位同学讲述自己的经历。其他同学帮助他了解内心的感受，分析他产生快乐或痛苦情绪的原因，促使他认清过去的经历对现在及生活的影响。

四、情绪比萨

1. 活动目的：了解自己的情绪状态，思考这些情绪的来源以及情绪对自身的影响。

2. 活动时间：20 分钟左右。

3. 活动过程：

(1) 画一个大圆代表自己近两周的情绪内容，分别用小圈面积的大小来表示以下 8 种情绪所占的比例：①快乐，②痛苦或悲伤，③愤怒，④恐惧，⑤爱，⑥焦虑，⑦害羞，⑧其他。

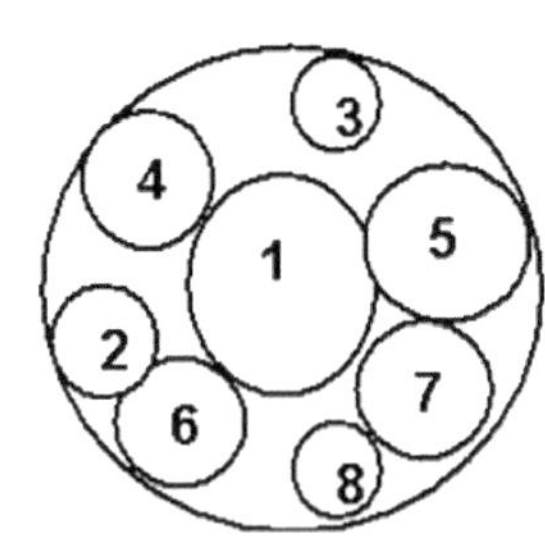

(2) 然后同学们分小组讨论：

① 为什么产生这些情绪？

② 这些情绪对自己有什么影响？

活动拓展六

成功储蓄罐

一、活动理念

对未来的规划如果只停留在认知层面，就如同画饼充饥。规划的重要性不仅在于提供了未来的蓝图，更在于展示了实现蓝图的中间过程，使蓝图的实现具有可能性。因此，我们有必要帮助学生梳理“现实”与“理想”之间存在的差距，据此设计减少差距，最终实现理想。

二、活动目的

1. 澄清理想我和现实我之间的差距，将规划具体到行为指标。

2. 有目的地逐步实现自我发展。

三、活动准备与时间

1. 活动准备：白纸，水彩笔，剪刀，彩纸，橡皮筋，2.5L 左右的大饮料瓶(如可乐瓶等)，巴掌大小的方形碎布，每个学生一份。

2. 活动时间：20 分钟。

四、活动过程

1. 教师引入：“每个人都有自己的理想，实现理想的过程需要不断充电。今天，让我们一起做一个‘成功储蓄罐’，为自己积累成功财富。我们需要不断地往‘成功储蓄罐’存入东西，当‘成功储蓄罐’填满的时候，就说明我们的理想要实现了！你们可以把‘成功储蓄罐’带回家，摆在书桌上，记着每天晚上问问自己‘我今天做了什么事情可以放进储蓄罐里?’把它写在纸条上，折起来，塞进‘成功储蓄罐’。”

2. 开展活动

(1) 制作成功储蓄罐——用胶带等把塑料瓶装饰起来，在塑料瓶外写上“××××的成功储蓄罐，×年×月×日”。在方形碎布中间剪开一条 2cm 左右的缝隙，把碎布盖在塑料瓶上，绷紧，套上橡皮筋固定。

(2) 带领学生在白纸上写下自己的理想，反思要达到这个理想，自己还需要完成什么步骤，把它们一条一条写下来，以便日后放进储蓄罐里。例如：

王小花的成功储蓄罐

我的理想是：成为一名作家。

我需要做到：

① 学会熟练使用电脑打字；

② 每个星期阅读一本世界名著，并写下读书笔记；

③ 每天写日记，练习写作技能；

④ 坚持向校报投稿子，直到发表。

3. 讨论与分享

(1) 邀请一些学生自愿向全班展示自己亲手做的“成功储蓄罐”，并分享自己的“储蓄”计划。

(2) 预期一下，还需要努力多久，你的储蓄罐才能得到“满分”，帮助你实现理想。

(3) 除了单子上写的内容，是不是有一些事情会使你的储蓄罐“减分”，阻碍你的理想实现？

(4) 如果身边的人(爸爸、妈妈、老师、同学等)也可以为你的储蓄罐提供一些“粮食”，帮助你实现理想，你希望他们做些什么？

五、活动注意

1. 引导学生写出比较明确的人生目标，才可以更有针对性地写出需要积累的内容。

2. 首先让学生按照自己的想法写出来，讨论完之后，学生还可以进行调整。

六、活动建议

1. 你可以使用“跳房子”的扩展活动：将学生带到操场或走廊，用粉笔画出一系列相连的方格，每次邀请一名学生掷石头，要求掷到尽可能远的格子里，但不能出界，否则排到队尾等下一次机会。把石头想象成自己的目标，在跳到石头所在格子并捡起它之前，学生要把单脚或双脚跳过的格子想象成实现目标的步骤，如果能够成功捡到石头并成功跳过来，大家给予掌声。

2. 在训练结束一周或一个月之后，邀请学生把他们的储蓄罐带回学校，跟其他同学分享自己这一个月来的努力和收获。

活动拓展七

我比较了解你

一、游戏规则

1. 男女双方每次各派一名代表到讲台进行活动。男女代表分别站在讲台的两边。

2. 活动总共三回合，每回合限时三分钟。男女双方比赛看哪一方比较了解对方(异性)。进行方式为双方以拍桌子(或铃铛)抢发言权，抢得发言权者，便要说出对方(异性)与自己不同之处。

3. 要以：“我比较了解你，因为我知道……”的句型说出。

说出的内容并非针对个人，而是针对异性普遍的特点。

4. 双方所说的异性特点，内容不拘(可讲生理方面，也可讲心理方面)，但不可人身攻击。

二、每个人在本子上写出观点并做交流

1. 你觉得男生和女生不一样的地方有哪些?

2. 男女生一样的地方有哪些?

3. 我不喜欢异性怎么样?

4. 写下你认为异性的三种优点。

三、男女同学应如何正常交往

1. 与异性同学交往时，应该持什么样的态度?

2. 在交往方式上(如时间、地点、场合等)，怎样才是恰当的?

3. 如何把握好异性朋友的双边关系?

4. 怎样分辨、把握好友谊与爱情的界限?

活动拓展八

在挫折中奋起

一、活动目标

通过一系列的活动，让学生体验挫折，回忆生活中遇到的挫折，并向挫折挥手告别，寻找解决挫折的办法。

二、活动准备

多媒体、纸、笔、信封。

三、活动过程

1. 热身阶段

活动名称：抓手指。

活动目的：调节气氛、缓解疲劳。

活动规则：学生围成一个圆圈，面向圆心站好，然后把左手张开伸向左侧人，把右手食指垂直放到右侧人的掌心上，老师发出“原地踏步走”的口令后，全体踏脚步。老师可用“1、2、1”的口令调整步伐。当发出“1、2、3”的口令时，左手应设法抓住左侧人的食指，右手应设法逃离。抢口令者抓住无效，手掌不张开抓住无效。

交流分享：让成功者和失败者简单说说自己的感受。

2. 体验阶段

活动名称：鸡蛋变凤凰。

活动目的：实现由“热身”向主题过渡，体验战胜挫折的感受。

活动规则：开始时，大家都处在“鸡蛋”的状态。然后，每两人一组，进行猜拳，赢的升为“小鸡”，输的继续处在“蛋”的状态。接着，赢了的队员再两两一组，进行猜拳，赢的升为“小鸟”，输的回到“蛋”的状态，和同样处在“蛋”状态的队员猜拳……依此类推，直到变成“凤凰”，经历完鸡蛋→小鸡→小鸟→凤凰的“四部曲”，才算胜利。

交流分享：

(1) 访问从“小鸟”变成“凤凰”那一关因猜拳输了而被打回“鸡蛋”的同学的心情。(只差一步就可以成功了，可是到最后却又得从头再来，真有种前功尽弃的感觉。有的人放弃，有的人却不甘心，继续“抗战”……这就是差别了。)

(2) 学生交流分享。先在小组内交流分享，然后在全班分享。引导学生理解领悟：这个过程象征着人生的曲折、坎坷。

(3) 教师简单引导：这个过程象征着人生的曲折、坎坷。正如这个游戏的进化过程，很多时候，当我们付出很多努力，却不得不从头再来时，你是否依然有勇气？命运完全掌握在你手中，抱怨与嫉妒只会让你意志消沉，萎靡不振；信心和勇气才会让你成功。其实，人的一生就是不断地寻找、认识、完善自我的过程。每一次挫折，都能帮助我们找到自己独特的位置和价值。

3. 工作阶段

(1) 回忆挫折。

老师引导学生回忆两件或三件影响较大的挫折事件的内容、解决过程，当时的感受以及挫折解决的结果，让学生整理思路后，将内容填入附表 8-2 中。找五到十名学生进行分享。教师要注意总结学生在问题解决时应用的好方法。

附表 8-2　过往的挫折事件

挫折事件	如何渡过难关？	心理感受	满意度(低、中、高)
例如和父母沟通不良	默默承受，找朋友诉苦	很哀怨	低
⋮	⋮	⋮	⋮

(2) 欢送挫折。

教师寄语：挫折代表着人生的一种变化，它标志着旧阶段的结束和新阶段的开始，让我们给失败办个仪式吧，甩开失败。让我们努力鼓掌，欢送失败，迎接我们新的明天。请同学们鼓掌时想象过去的痛苦、挫折一扫而光，让它们灰溜溜地跑掉吧。老师带头鼓掌，等掌声自然消落。

(3) 重新来过。

活动目的：让学生们针对自己目前的挫折展开互助，借助彼此的智慧找到解决挫折的方法。

活动分组：4～6 人一组。

活动进程：

① 将信封和白纸分发给每个人。

② 每位学生在事先准备好的白纸上写下自己目前遇到的两个或三个挫折，然后将这张纸装在准备好的信封里。

③ 以小组为单位，把每个小组里学生的"求助信"在全班范围内"漂流"，每位学生负责对"漂流"到自己手里的"求助信"献策，最后"物归原主"。

④ 全班学生用各自收获的"计策"进行交流。

4. 结束阶段

欣赏歌曲《不经历风雨，怎么见彩虹》。

【注意事项】

"抓手指"游戏不宜时间太长，能起到活跃气氛、缓解疲劳作用即可。

活动拓展九

未来的我

一、十年后的同学聚会

1. 活动目的：通过这个活动，让学生找到未来的自我期许。

2. 活动准备：纸、笔、舒缓的轻音乐。

3. 活动过程

(1) 播放舒缓的轻音乐，营造让心静下来的氛围。

假设我们就这样一步一步地走向未来，十年后的你收到了你们班级组织的同学聚会邀请函。你可以看看周遭的环境，也是这间教室，也是这个位置。

当班主任和班长宣布今年的同学聚会开始之后，在你们的同学聚会上会发生什么？

请想象一下：

- 你和你的同学都穿什么样的衣服？他们有什么样的表情？你此刻的心情如何？

____

- 当你向他们做自己的十年回顾时，你会说些什么？你希望他们怎样评价你或有什么样的反应？

____

- 告诉你的同学，你现在的工作是什么？你对自己的生活满意吗？你的人生目标是什么？你实现了吗？

____

- 聚会结束后，你回家了，回到了自己的生活轨道上。你的同事、朋友、家人会怎样评价你？你对这样的评价满意吗？

____

(2) 学生思考并回答。

4. 小组分享

在今天的活动中，你体会到了什么？有什么样的收获？

【注意事项】

1. 营造好让学生思绪飘荡的氛围。
2. 营造好学生分享的安全气氛。
3. 对于勇于发言的学生要鼓励，不应加以价值判断。

二、写给未来的一封信

1. 活动目的：通过这个活动，让大家想象未来的生活。

2. 活动准备：舒缓的音乐。

3. 活动过程

(1) 播放舒缓的音乐。

(2) 通过开展“十年后的同学聚会”活动，我们对自己的未来有了一定的了解。现在请大家为十年后的自己写一封信。我们可以畅想一下，未来的自己看到这封信时的感受。我们需要好好构思一下，如何写一份这样的时光邮件。如若大家对这个活动没有概念的话，我们先来看看别人写给未来的一封信。

十年后的自己

你好！

当你看到这封信的时候，会不会有些许惊讶，想到自己十年前竟写过一封书信给自己？

十年后的你，是否还热爱书籍？我想，十年后的你，肯定早已有了一间虽小但明亮的书房。里面的书有很多很多，但却丝毫也不紊乱。在书架的正对面，肯定还有一张小小的书桌，上面堆放着几本你最喜欢的国外名著。现在的我，很喜欢手指摩挲纸张带给我的诱动，所以希望十年后的你依旧爱书如命，看到曾经的自己在书上的勾勾画画，也能回忆起当时我的那份心情。

十年后的你，是否还乐于倾听筝曲？也许，十年后的我，早已不会再去碰那古筝，但心底里仍然记着十年前对古筝的那种炽热。那是一种晚来的喜爱，却来的正是时候，无论是听着袁莎的《云裳诉》，还是王中山的《临安遗恨》，我都会轻轻地合着拍子，点着头，甚至听着听着，连在键盘上打字，都看做一种指法练习。十年后的你，是否会在看到这里的时候，在嘴边荡起涟漪？

十年后的你，是否还迷恋电影？最好现在的你，也就是十年后的我，不要再继续那么肤浅，只是看电影中的悲欢离合。要知道电影的情节背后，不单单只有想象，更有生活。你要学会从一切电影中读出些什么，学会用自己所经历的事，来读出背后的灵魂。每一部电影，其实总结起来就是一首能唱到人心底的一首歌，执拗的单曲循环着，直到你真正懂了，才开始下面一首。

十年后的你，是否与朋友还有联系？人的一生中，总要有这么几个让你刻骨铭心的朋友，要知道，朋友是除了亲人以外最重要的人了。但是真友难觅，不过我相信十年已经够长了，你也已经找到了那位最懂你的“钟子期”了吧。那么对于曾经的好友，那些陪你度过小学、初中、高中以至大学的朋友，还有联系吗？真希望十年后的我与现在的我一样，有着极高的情商，懂得把一切别人对我的好装进心底，牢牢记住，再在特殊的时候默默奉还。

时光如水，岁月如梭。我想，十年的光阴也许会一晃而过，而你很快就会看见这封十年前我给你写的信。我向你保证，这十年，我一定会乖乖的，克服所有的坏毛病，让十年后的你能问心无愧，且有着可以骄傲的资本。

祝

你能开开心心、健健康康地度过这十年。

十年前的自己

201×年××月××日

4. 小组分享

请大家根据自己的想象组织文字并写下来，之后我们进行分享。

【注意事项】

1. 尽量营造可以让学生投入其中的气氛。

2. 课堂内容与分享仅仅是开始，鼓励学生在课后多多思考：二十年后的自己是什么样子的。

活动拓展十

我们站在你身后

一、活动理念

生活中总会遇到挫折，内在的力量以及外在的资源是应对挫折的最好工具。本活动拓展在于帮助学生寻找内在的理想动力，并感受他人的支持。

二、活动目的与时间

1. 活动目的：促进学生用行动向彼此给予支持与希望。

2. 活动时间：40 分钟左右。

三、活动过程

1. 教师引入：“同学们，现在我们来做一个活动，这个活动需要大家站起来，并且要将身体舒展开来。大家知道吗？我们的臂膀很强大，除了可以背包、扛物品、打球，还可以给别人关怀和力量。”

2. 将学生分成两人一组，许愿给予支持。

首先，大家分成两组。现在站成两列，面对面，找到一个伙伴。站在左边的同学每个人拿一张纸条，上面有些话，大家大声念出来：“我支持你”“我相信你一定可以实现愿望”“我们一起努力，一定可以的”“你是我的榜样，我相信你一定可以成功的”等一些支持性的话语。大概两分钟时间。一会儿大家脱离小纸片，当你听到对面同学的期望和愿望时，要用自己的话将那些支持性的话语大声说出来。

然后，站在右边的同学向后转，闭上眼睛(音乐起)，开始憧憬自己理想中的未来、自己的期待和自己的愿望……大概两分钟时间。

每个人找到自己的伙伴，然后将自己的臂膀放在对方的肩膀上，可以捶捶，可以拍拍，也可以一直放着。

老师宣布活动开始，右边的同学说出自己的期待和愿望，然后左边的同学给予支持。

最后，交换角色。

3. 分享和讨论

(1) 在活动过程中，当你给别人提供支持时，有什么感受？

(2) 当你表达期待和愿望，感受别人的支持时，有什么感受？

【注意事项】

1. 在活动正式开始之前，确保每个人都想到了自己的理想未来和期待。

2. 在活动过程中，注意不同人的进展，确保所有人在差不多的时间的完成。

参考文献

[1] 刘金玉. 采取恰当的方法解决早恋问题[J]. 吉林教育科学普教研究，2001(3)：52-53.

[2] 韩宝磊，倪娜. 中学生早恋的心理特征与应对策略[J]. 青少年学刊，2009(2)：31-33.

[3] 李鹰. 中学生异性交往的现状及心理特点[J]. 教育研究，2006，27(9)：74-81.

[4] 李鹰. 中学生异性交往现状的调查与研究[J]. 当代教育科学，2005(17)：34-35

[5] 山东省教学研究室. 中小学心理健康教育的理论与实践[M]. 济南：山东画报出版社，2012.

[6] 田文. 中小学心理健康教育活动设计与实施[M]. 北京：清华大学出版社，2013.

[7] 尝试走出沙漠[EB/OL]. http://www.duwenzhang.com/wenzhang/lizhiwenzhang/20121106/241997. html.

[8] 想想十年后的自己[EB/OL]. http://www.duwenzhang.com/wenzhang/lizhiwenzhang/20080926/19407.html.

[9] 美国科学家做的一个关于目标的实验[EB/OL]. http://www.niwota.com/submsg/149827/.

[10] 目标倒推法，真的可行吗[EB/OL]. https://www.douban.com /note/573840658/.

[11] 写给十年后的自己[EB/OL]. http://www.kj-cy.cn/htm/2014327/ 48675.htm.

[12] 钟志农. 心理辅导活动课操作实务[M]. 宁波：宁波出版社，2007.

[13] 张付山，陈燕. 班级体验式心理拓展活动100例[M]. 济南：山东文艺出版社，2014.

[14] 袁章奎. 中学班级心理团体活动142[M]. 北京：中国轻工业出版社，2013.

[15] 张大均. 中小学生心理健康教育：一年级(上册)[M]. 银川：宁夏人民出版社，2011.

[16] 俞国良. 心理健康：七年级下册[M]. 北京：北京师范大学出版社，2013.

[17] 俞国良. 心理健康：七年级上册[M]. 北京：北京师范大学出版社，2013.

[18] 赵小云，郭成. 我爱我 学习需要好品质[M]. 重庆：西南师范大学出版社，2013.

[19] 中国就业培训技术指导中心，中国心理卫生协会. 心理咨询师(基础知识)[M]. 修订版. 北京：民族出版社，2015.